리추얼의 종말

리추얼의 종말

삶의 정처 없음을 어떻게 극복할 것인가

한 병 철

전대호 옮김

김영사

리추얼의 종말

삶의 정처 없음을 어떻게 극복할 것인가

1판 1쇄 발행 2021. 10. 15.
1판 4쇄 발행 2024. 2. 1.

지은이 한병철
옮긴이 전대호

발행인 박강휘, 고세규
편집 강영특   디자인 홍세연   마케팅 박인지   홍보 홍지성
발행처 김영사
등록 1979년 5월 17일 (제406-2003-036호)
주소 경기도 파주시 문발로 197(문발동) 우편번호 10881
전화 마케팅부 031)955-3100, 편집부 031)955-3200   팩스 031)955-3111

값은 뒤표지에 있습니다.
ISBN 978-89-349-8028-5 03100

홈페이지 www.gimmyoung.com   블로그 blog.naver.com/gybook
인스타그램 instagram.com/gimmyoung 이메일 bestbook@gimmyoung.com

좋은 독자가 좋은 책을 만듭니다.
김영사는 독자 여러분의 의견에 항상 귀 기울이고 있습니다.

차례

일러두기

• 본문에서 대부분 '리추얼'로 옮긴 독일어 'Ritual'은 '의례', '의전', '예전', '의식', '잔치', '예식', '축제' 등의 의미를 두루 포괄하는 말로서, 공동체적 성격을 지닌다. 오늘날 한국에서도 '리추얼'이라는 용어가 (특히 자기계발서에서) 빈번히 사용되고 있으나, '반복적으로 행해짐으로써 마음을 안정시키고 생활에 리듬감을 주는, 개인의 일상적 습관' 정도의 뜻만을 담고 있을 뿐이다. 위와 같은 의미 차이를 고려하여 읽어주기 바란다.

• 원문의 이탤릭은 고딕으로, »«'는 큰따옴표로 표기했다.

• 《리추얼의 종말》 스페인어판이 출간된 후 스페인 매체와 가진 저자 인터뷰를 부록으로 수록했다. 수록 지면과 일자는 다음과 같다. 〈엘문도〉 2020년 6월 5일 업데이트(REBECA YANKE / EL MUNDO), 〈엘파이스〉 2020년 5월 18일 업데이트(CÉSAR RENDUELES / EL PAIS).

들어가는 말

이 에세이에서 리추얼Ritual은 그리움이 향하는 장소가
아니다. 오히려 리추얼은 우리가 사는 현재의 윤곽을 대
비를 통해 도드라지게 하는 배경의 구실을 한다. 나는 리
추얼이 소멸해간 역사를 향수 없이 간략히 서술할 것이
며 그 소멸의 역사를 해방의 역사로 해석하지도 않을 것
이다. 이와 더불어 현재의 병적 현상들, 무엇보다도 공
동체의 침식을 뚜렷이 드러낼 것이다. 그러면서 사회를
집단적 나르시시즘에서 해방시킬 수 있을 법한 다른 삶
꼴Lebensform들을 숙고할 것이다.

생산 강제

리추얼은 상징적 행위다. 리추얼은 공동체가 보유한 가치들과 질서들을 반영하고 전승한다. 리추얼은 **소통 없는 공동체**를 발생시킨다. 대조적으로 오늘날에는 **공동체 없는 소통**이 만연하지만 말이다. 리추얼에서 본질적인 것은 **상징적 지각**이다. 본래 상징(희랍어로 symbolon)이란 우호적인 주인과 손님이 서로를 다시 알아볼 수 있기 위하여 주인이 사용하는 표지(환대의 표지tessera hospitalis)를 의미한다. 한 사람이 점토판을 둘로 쪼개어 절반은 자신이 지니고 나머지 절반은 다른 사람에게 환대의 표시로 준다. 그렇게 서로를 다시 알아보기 위하여 상징이 활용된다. 이것은 반복Wiederholung의 특수한 형태다. "다시 알아보기Wiedererkennen는 무언가를 한 번 더 보기가 아니다. 다시 알아보기는 만남의 연쇄가 아니다. 다시 알아보기란 무언가를 본인이 이미 아는 그것으로서 알아본다는 뜻이다. 다시 알아보기야말로 진정으로 인간적인 방식의—헤겔의 용어를 사용하자면—'집안에 들기Einhausung' 과정이다. 모든 각각의 다시 알아보기는 처음 알게 될 때의 우연성으로부터 이미 해방되어 정신적인 영역으로 상승해 있다. 우리는 누구나 이를 잘 안다. 다시 알아볼 때 우리는 순간에 속박된 첫 만남에서보다 더 제대로 알아본다. 다시 알아보기는 덧없는 것에서 머무르는 것을 끄집어내어 본다."[1] 상징적 지각은 다시 알아보기로서, 지속하는 것을 지각한다. 다시 알아보기를 통하여 세계는 우연성으로부터 해방되고 머무름을 얻는다. 오늘날의 세계는 상징이 몹시 빈곤하다. 데이터와 정보는 상징의 힘을 보유하지 않았다. 따라서 데이터와 정보는 다시 알아보기를 허용하지 않는다. 뜻Sinn과 공동체를 만들어내고 삶을 안정화하는 그림들과 비유들은 상징의 공허 속에서 소멸한다. 지속Dauer의 경험은 줄어든다. 그리고 우연은 급격히 늘어난다.

리추얼이란 **상징적인 집안에 들이기 기술**이라고 정의할 수 있다. 리추얼은 세계-안에-있음In-der-Welt-Sein을 **집안에-있음**Zu-Hause-Sein으로 변환한다. 리추얼은 세계를 안심할 수 있는 장소로 만든다. 시간 안에서의 리추얼은 공간 안에서의 거처에 해당한다. 리추얼은 시간을 **거주 가능하게** 만든다. 그렇다, 리추얼은 시간을 집처럼 **다닐**(드나들) **수 있게**begehbar 만든다. 리추얼은 시간에 질서를 부여한다. 시간을 정돈한다. 앙투안 드 생텍쥐페리는 소설 〈성채Citadelle〉에서 리추얼을 **집안에 들이기 시간 기술**Zeittechniken der Einhausung로 묘사한다. "시간 안에서의 리추얼은 공간 안에서의 집에 해당한다. 흘러가버리는 시간이 우리를 써버리고 한줌의 모래처럼 파괴하는 무언가가 아니라 우리를 완성하는 무언가로 나타나는 것은 좋은 일이니까 말이다. 시간이 건축물이라면, 좋은 일이다. 그리하여 나는 축제에서 축제로, 명절에서 명절로, 포도 수확기에서 포도 수확기로 성큼성큼 걸어간다. 어렸을 때 내가 아버지의 꽉 짜인 궁전 안에서 회의장으로부터 휴게실로 걸어갔던 것처럼 말이다. 그 궁전 안에서는 모든 발걸음에 뜻이 있었다."[2] 오늘날 시간은 확고한 짜임새가 없다. 집이 아니라, 변화무쌍한 흐름이다. 시간은 점 같은 현재의 한낱 연쇄로 와해된다. 시간은 황급히 가버린다. 아무것도 시간에게 **멈춤**Halt을 주지 않는다. 황급히 가버리는 시간은 **거주 가능**하지 않다.

리추얼은 삶을 안정화한다. 앙투안 드 생텍쥐페리의

문장을 변형하여 이렇게 말할 수 있다. '**삶에서 리추얼은 공간 안에서 사물에 해당한다.**' 한나 아렌트가 보기에 "인간의 존재로부터의 독립성"을 사물에 제공하는 것은 **사물의 지속성**(멈춤 가능성)Haltbarkeit이다. 사물들은 "인간의 삶을 안정화하는 임무"를 띠었다. 사물의 객관성이란 "사물이 자연적인 삶의 급격한 변화에 […] 인간적인 같음Selbigkeit을 제공한다는 것"에 있다. 바꿔 말해 "같은 의자와 같은 탁자가 매일 변화하는 사람 앞에 변함없이 친숙한 것들로서 놓여 있는 것"에서 유래하는, 안정화하는 동일성에 있다.[3] 사물들은 삶을 안정화하는 고정된 말뚝들이다. 리추얼도 똑같은 기능을 한다. 리추얼의 **같음**을 통하여, **반복**을 통하여, 리추얼은 삶을 **지속적이게**(멈춤 가능하게) 만든다. 오늘날의 생산 강제는 사물에게서 지속성을 앗아간다. 그 강제는 더 많이 생산하고 더 많은 소비를 강제하기 위하여 작심하고 지속을 파괴한다. 그러나 **거주하기**Verweilen는 **지속하는** 사물들을 전제한다. 사물들이 소모되고 소비되기만 한다면, 거주는 불가능하다. 또한 생산 강제는 **삶에서 지속하는 측면**을 갉아먹음으로써 삶을 불안정화한다. 그렇게 생산 강제는 **삶의 지속성**을 파괴한다. 우리의 수명은 연장되고 있지만 말이다.

스마트폰은 한나 아렌트가 말한 의미의 사물이 아니

다. 스마트폰에는 아렌트가 말한 같음, 삶을 안정화하는 같음이 없다. 특별히 지속성이 높은 것도 아니다. 스마트 폰은 탁자처럼 같은 것으로서 내 앞에 놓여 있는 사물들과 다르다. 끊임없이 우리의 주의注意를 압류하는 스마트 폰의 매체적 내용(스마트폰이 매체로서 보유한 내용)은 같음과 영 거리가 멀다. 그 내용의 신속한 교체는 **거주**를 허용하지 않는다. 그 장치에 내재하는 동요는 그 장치를 반反사물Un-Ding로 만든다. 게다가 우리는 강박적으로 스마트 폰을 향해 손을 뻗는다. 사물로부터는 어떤 강제도 유래하지 않아야 마땅한데 말이다.

공손함처럼 사람들 사이의 아름다운 교류만 가능케 하는 것이 아니라 사물과의 아름답고 보호적인 교류도 가능케 하는 리추얼 형식들이 있다. 리추얼의 틀 안에서 사물은 소비되거나 소모되지 않고 **사용된다**gebraucht. 따라서 사물도 **늙을** 수 있다. 반면에 생산 강제 아래에서 우리는 사물들을, 그러니까 세계를 사용하는 대신에 소모하는 방식으로 대한다. 이에 대응하여 사물들도 우리를 **소모한 다**verbrauchen. 거침없는 소모하기가, 삶을 불안정화하는 소멸과 더불어 우리를 둘러싸고 있다. 리추얼의 실천은 우리가 타인뿐 아니라 사물과도 아름답게 교류하고 공명共鳴하게 해준다. "미사 덕분에 성직자는 사물과 아름답게 교류하는 법을 배운다. 잔과 성체를 부드럽게 쥐는 법, 용기들을 느긋하게 닦는 법, 책장을 넘기는 법, 그리고 사물들과 아름답게 교류한 결과를 배운다. 그 결과는 가슴에 날개를 달아주는 기쁨이다."[4]

오늘날 우리는 사물을 소비할 뿐 아니라 사물에 실린 감정도 소비한다. 사물은 무한히 소비할 수 없지만, 감정은 무한히 소비할 수 있다. 그리하여 감정은 새롭고 무한한 소비의 장을 연다. 상품의 감정화Emotionalisierung, 그리고 감정화와 연결된 미화美化, Ästhetisierung는 생산 강제의 지배를 받는다. 감정화와 미화는 소비와 생산을 촉진해야 한다. 그렇게 미적인 것이 경제적인 것에 의해 식민지화된다.

감정은 사물보다 더 덧없다. 따라서 감정은 삶을 안정화하지 못한다. 게다가 감정을 소비할 때 사람들은 사물이 아니라 자기 자신과 관련 맺는다. 감정적 진정성Authentizität이 추구된다. 그렇게 감정의 소비는 나르시시즘적 자기관련Selbstbezug을 강화한다. 그리하여 사물들이 매개했어야 할 **세계관련**Weltbezug은 점점 더 상실된다.

오늘날에는 가치도 개별 소비의 대상으로 구실한다. 가치 자체가 상품이 된다. 공정함, 인간적임, 지속 가능성 등의 가치가 경제적으로 도살되고 해체된다. 어느 공정

무역 기업의 구호는 "차를 마시며 세계를 변화시킨다"이다. 소비를 통해 세계를 변화시킨다면, 그것은 혁명의 종말일 터이다. 신발이나 옷도 채식주의에 부응하는 것이 바람직하다. 아마 머지않아 채식주의적 스마트폰도 나올 것이다. 신자유주의는 다양한 방식으로 도덕을 착취한다. 도덕적 가치들이 특색으로 소비된다. 그것들은 자아 계좌Ego-Konto에 기입되고, 그러면 자기가치가 높아진다. 그것들은 나르시시즘적 자존감을 높인다. 사람들은 가치들을 통하여 공동체와 관련 맺는 것이 아니라 자신의 자아와 관련 맺는다.

손님과 주인으로 만난 친구들은 상징 곧 환대의 표지를 통하여 자신들의 동맹을 확정한다. '상징'이라는 단어는 관련, 전체성, 치유의 의미 지평 안에 정착해 있다. 플라톤의 대화편 〈향연〉에서 아리스토파네스가 들려주는 신화에 따르면, 인간은 원래 공처럼 둥근 형태였으며 얼굴이 두 개, 다리가 네 개였다. 그런데 인간이 오만했기 때문에, 제우스는 인간을 약하게 만들기 위해 둘로 나누었다. 그때 이후로 인간은 하나의 상징symbolon, 자신의 다른 절반을, 치유하는 전체성을 그리워하는 상징이다. 실제로 희랍어 '쉼발레인symbállein'은 합침을 뜻한다. 리추얼이 사람들을 모으고, 동맹, 전체성, 연대를 창출하는 한에서, 리추얼 역시 상징적 실천, '합침(쉼발레인)'의 실천이다.

연대의 매체로 기능하는 상징은 오늘날 점점 더 사라져간다. 탈상징화와 탈리추얼화는 서로의 조건이다. 사회인류학자 메리 더글러스는 놀라움을 표하며 다음과 같이 지적한다. "우리 시대의 가장 심각한 문제들 중 하나는 공통의 상징을 통한 결합이 소멸되고 있다는 것이다. […] 만일 사회가 작은 집단들로 분열하고 각 집단이 고유한 형태의 상징적 결합을 개발하는 것이 전부라면, 이 과정은 그리 어렵지 않게 이해할 수 있을 것이다. 하지만 무릇 리추얼에 대한 혐오와 반감의 만연은 이해하기가 훨씬 더 어렵다. '리추얼'은 거부감을 일으키는 단어, 공허한 순응주의의 표현이 되었다. 우리는 모든 유형의 형식주의에 대한, 심지어 무릇 '형식'에 대한 보편적 반란을 목격하고 있다."[5] 상징의 소멸은 점점 더 심해지는 사회의 원자화와 짝을 이룬다. 또한 동시에 사회는 나르시시즘적으로 된다. 나르시시즘적 내면화 과정은 형식에 대한 적개심을 일으킨다. 주관적 상태를 위해 객관적 형식이 배척된다. 리추얼은 나르시시즘적 내면성과 거리가 멀다. 자아 리비도Ich-Libido(대상이 아니라 자아를 향한 욕망—옮긴이)는 리추얼과 결합할 수 없다. 리추얼에 몰두하는 사람은 자기 자신이 아닌 다른 곳으로 시선을 돌려야한다. 리추얼은 자기거리Selbst-Distanz(자기와의 거리)를, 자기초월Selbst-Transzendenz을 만들어낸다. 리추얼은 행위자를 탈심리화하고 탈내면화한다.

상징적 지각은 오늘날 **연쇄적 지각**을 위하여 점점 더 소멸해간다. 연쇄적 지각은 지속을 경험할 능력이 없다. 연쇄적 지각, 곧 새로운 것을 알게 됨의 연쇄는 머물러 거주하지 않는다. 오히려 연쇄적 지각은 서둘러 한 정보에서 다음 정보로, 한 체험에서 다음 체험으로, 한 감각에서 다음 감각으로 이동하며 영영 종결되지 않는다. 오늘날 시리즈series가 이토록 사랑받는 것은 아마도 시리즈가 연쇄적 지각의 습관에 어울리기 때문일 것이다. 미디어 소비의 차원에서 연쇄적 지각은 **몰아보기**로 이어진다. 연쇄적 지각은 **외연적인**extensiv 반면, 상징적 지각은 **집약적이**다intensiv. 연쇄적 지각은 외연적이기 때문에 주의력이 얕다. 오늘날 집약성intensität은 도처에서 외연에 밀려난다. 디지털 소통은 외연적 소통이다. 그 소통은 관련Beziehung을 산출하지 못하고 단지 링크link만 산출한다.

신자유주의 체제는 연쇄적 지각을 강제하고 연쇄적 습관을 강화한다. 그 체제는 작심하고 지속을 없앤다. 이는 더 많은 소비를 강제하기 위해서다. 어느새 삶의 모든 영역을 지배하는 끊임없는 업데이트는 지속과 종결을 허용하지 않는다. 항구적인 생산 강제는 **탈거주화**Enthausung를 가져온다. 그리하여 삶은 더 우연적이고, 더 덧없고, 더 불안정하게 된다. 그러나 **거주**는 지속을 필요로 한다.

주의력결핍장애는 연쇄적 지각의 병적인 극단화에서 유래한다. 그런 극단화가 일어나면, 지각은 영영 멈추지 않는다. 지각은 거주하는 법을 잊어버린다. 깊은 주의력은 다름 아니라 리추얼적·종교적 실천을 통해 문화 기술Kulturtechnik로서 육성된다. '종교'를 뜻하는 독일어 'Religion'이 '주의를 기울이다'를 뜻하는 라틴어 '렐레게레relegere'에서 유래한 것은 우연이 아니다. 모든 종교적 실천은 주의력 훈련이다. 사원寺院은 깊은 주의력이 발휘되는 장소다. 말브랑슈에 따르면, 주의집중은 영혼의 자연스러운 기도다. 오늘날 영혼은 기도하지 않는다. 영혼은 끊임없이 **자기 자신을 생산**한다.

오늘날 외우기를 비롯한 다양한 형태의 반복은 창의성, 혁신 등을 억누른다는 이유로 저지된다. '외우기'를 뜻하는 프랑스어는 'apprendre par coeur'(직역하면 '심장으로 배우기'―옮긴이)다. 오직 반복되는 것만 명백히 심장에 도달한다. 주의력결핍장애의 증가에 대처하기 위하여 새로운 교과로 "리추얼학Ritualkunde"을 도입하는 방안이 얼마 전에 제안되었다. 이 교과의 목적은 리추얼적 반복을 문화기술로서 다시 체득하는 것이다.[6] 반복은 주의력을 안정화하고 심화한다.

반복은 리추얼의 본질적 특징이다. 그러나 집약성을 산출할 능력이 있다는 점에서, 리추얼은 '루틴routine'과 다르다. 반복을 특별하게 만들고 루틴화하지 않게 보호하는 집약성은 어디에서 유래할까? 키르케고르가 보기에 반복과 기억은 서로 반대 방향으로 일어나는 동일한 운동이다. 기억되는 것은 지나간 것이며 "뒤를 향해 반복된다." 반면에 진짜 반복은 "앞을 향해 기억된다."[7] 따라서 다시 알아보기로서의 반복은 맺음형식Schlussform을 띤다. 즉, 과거와 미래가 생동하는 현재에 통합된 형식이다. 맺음형식으로서의 다시 알아보기가 지속과 집약성을 창출한다. 다시 알아보기는 시간을 정주定住하게 만든다.

키르케고르는 반복을 기억과 맞세울 뿐 아니라 희망과도 맞세운다. "희망은 새 옷이다. 빳빳하고 매끄럽다. 그러나 한 번도 입어본 적 없어서, 입으면 얼마나 어울리고 얼마나 잘 맞을지 모른다. 기억은 치워둔 옛날 옷이다. 아무리 아름답더라도, 맞지 않는다. 사람이 성장했기 때문이다. 반복은 해어질 수 없는 옷이다. 탄탄하면서도 부드럽게 감싸준다. 꽉 끼지도 않고 헐렁하지도 않다."[8] 키르케고르에 따르면 "오직 새것에 대해서만 싫증이 나며, 옛 것에 대해서는 결코 싫증이 나지 않는다." 옛것은 "행복 으로 배부르게 해주는 일용할 양식"이다. 옛것은 **행복을 준다.** "반복이 무언가 새로운 것이리라 상상하며 자신을 속이지 않는 사람만이 정말로 행복해진다. 그렇게 상상 으로 자신을 속이면, 반복에 싫증이 나기 때문이다."[9]

일용할 양식은 매력이 없다. 매력은 순식간에 빛 바랜 다. 반복은 매력 없는 것에서, 눈에 띄지 않는 것에서, **실 낱**Faden에서 집약성을 발견해낸다. 반면에 늘 새로운 것, 흥분을 일으키는 것을 기대하는 사람은 이미 있는 것을 간과한다. 뜻Sinn, 곧 길Weg은 반복 가능하다(Sinn의 어원 인 라틴어 sensus는 '뜻'뿐 아니라 '방향'도 의미한다. 따라서 Sinn과 Weg를 동일시하는 것은 충분히 납득할 만한 어법이다―옮긴이). 길 은 싫증을 유발하지 않는다. "나는 사건이 전혀 없는 것 만 반복할 수 있다. 하지만 그런 것에서도 시야에 들어오 는 무언가가 나를 기쁘게 해왔다(한낮의 빛이나 어스름). 일 몰日沒만 해도 사건의 성격을 띠었으며 반복 불가능하다. 나는 특정한 빛이나 어스름조차 반복할 수 없으며 오로 지 **길**만 반복할 수 있다(그리고 길 위에서 나는 새로운 돌들을 포 함한 모든 돌에 태연해야 한다)."[10]

오늘날 우리는 새로운 매력, 흥분, 체험을 사냥하듯 추구하면서 반복의 능력을 상실해간다. 진정성, 혁신, 창의성과 같은 신자유주의적 구호들에는 새로움에 대한 항구적인 강제가 깃들어 있다. 그러나 결국 그 구호들은 같은 것의 변형들만 산출한다. 충족시키는 반복을 허용하는 옛것, 기존의 것은 제거된다. 왜냐하면 그런 것은 생산의 상승 논리에 반하기 때문이다. 그러나 반복은 삶을 안정화한다. 반복의 본질적 특징은 집안에 들기Einhausung다.

새로운 것은 금세 루틴으로 주저앉는다. 새로운 것은 상품이다. 소비되고 다시금 새로운 것에 대한 욕구를 불러일으킨다. 루틴을 떨쳐내야 한다는 강제가 더 많은 루틴을 낳는다. 새로운 것에 깃든 시간 구조는 그것을 금세 루틴으로 빛 바래게 한다. 새로운 것은 충족시키는 반복을 허용하지 않는다. 새로움 강제로서의 생산 강제는 루틴의 수렁을 더 심화할 따름이다. 루틴에서, 공허에서 벗어나기 위해 우리는 새로운 것을, 새로운 자극과 체험을 더 많이 소비한다. 다름 아니라 공허감이 소통과 소비를 촉진한다. 신자유주의 체제가 광고하는 '강렬한(집약적인) 삶'이란 다름 아니라 강렬한 소비다. '강렬한 삶'이라는 환상 앞에서, 끊임없는 소비와 소통보다 더 강렬한 다른 삶꼴을 숙고할 필요가 있다.

리추얼은 협화음을 내고 공통의 리듬을 탈 능력이 있

는 공명共鳴 공동체를 만들어낸다. "리추얼은 사회문화적으로 확립된 공명 축들을 세운다. 그 축들을 따라서 **수직 방향**(신들과 우주와 시간과 영원과의), **수평 방향**(사회적 공동체 안의), 그리고 **대각선 방향의**(사물들과의) 공명 관계가 경험 가능하게 된다."[11] 공명이 없으면 사람은 자기에게로 되던져지고 독자적으로 고립된다. 갈수록 증가하는 나르시시즘은 공명 경험을 저지한다. 공명은 자아의 반향이 아니다. 공명에는 타자의 차원이 깃들어 있다. 공명은 '함께 소리 냄'을 의미한다. 우울은 공명이 없을 때 발생한다. 오늘날 공동체의 위기는 공명의 위기다. 디지털 소통은 반향실反響室을 기반으로 삼는데, 반향실 안에서 사람은 일차적으로 자신의 말을 듣는다. 좋아요, 친구, 팔로워는 공명의 토대를 이루지 못한다. 이것들은 자아의 반향을 강화할 따름이다.

리추얼은 체화과정이며 몸-연출Körperinszenierung이다. 공동체에서 통하는 질서와 가치가 몸으로 경험되고 공고화된다. 그 질서와 가치가 몸에 기입된다. 바꿔 말해, 몸으로 내면화된다. 그렇게 리추얼은 체화된 앎과 기억, 체화된 정체성, 신체적 결합을 만들어낸다. 리추얼 공동체는 **몸 공동체**Körperschaft다. 공동체 자체에 신체적 차원이 깃들어 있다. 디지털화가 탈신체화 작용의 원천인 한에서, 디지털화는 공동체의 연대를 약화한다. 디지털 소통은 탈신체화된 소통이다.

또한 리추얼 행위는 느낌Gefühl을 동반한다. 그러나 그 느낌의 주체는 독자적으로 고립된 개인이 아니다. 예컨대 장례에서 슬픔은 객관적 느낌, 공동 느낌이다. 그 슬픔은 개인적이지 않다. 공동 느낌은 개인의 심리와 아무런 상관이 없다. 장례에서 슬픔의 진짜 주체는 공동체다. 상실의 경험 앞에서 공동체가 스스로 자신에게 슬픔을 부과한다. 이 공동 느낌이 공동체를 굳건하게 만든다. 갈수록 심해지는 사회의 원자화는 사회의 느낌 경제에도 영향을 미친다. 공동체 느낌의 형성은 점점 더 드물어진다. 대신에 덧없는 흥분Affekt과 감정Emotion이 독자적으로 고립된 개인의 상태로서 주도권을 쥔다. 감정이나 흥분과 달리 느낌은 공유 가능하다. 디지털 소통은 주로 흥분에 의해 조종된다. 디지털 소통은 흥분의 즉각적 배출을 장려한다. 트위터는 흥분 매체로 기능한다. 트위터에 기반을 둔 정치는 흥분 정치다. 본래 정치란 이성이요 매개다. 아주 긴 시간을 필요로 하는 이성은 오늘날 단기적인 흥분에 점점 더 밀려난다.

신자유주의 체제는 사람들을 개별화한다. 그와 동시에 사람들은 공감을 운운한다. 리추얼 사회는 공감을 필요로 하지 않는다. 왜냐하면 그 사회는 공명체共鳴體, Resonanzkörper이기 때문이다. 공감을 요구하는 목소리는 다름 아니라 원자화된 사회에서 요란해진다. 현재의 공감 호들갑은 일차적으로 경제에서 비롯된 것이다. 공감은 효과적인 생산수단으로서 동원된다. 공감은 개인을 감정적으로 물들이고 조종하는 데 기여한다. 신자유주의 체제에서는 단지 노동 시간뿐 아니라 개인 전체가 착취된다. 여기에서 감정적 관리는 이성적 관리보다 더 효과적이다. 후자보다 전자가 개인 속으로 더 깊이 침투한다. 신자유주의 심리정치는 긍정적 감정을 꾀어내고 착취하는 데 열중한다. 결국엔 자유마저 착취되는데, 여기에서 신자유주의 심리정치가 산업적 근대의 생명정치와 다르다는 점이 드러난다. 후자는 엄격한 강제와 명령을 통해 작동한다.

오늘날 디지털 소통은 점점 더 공동체 없는 소통으로 발전하고 있다. 신자유주의 체제는 모든 각자를 **자기 자신의 생산자**로서 개별화함으로써 공동체 없는 소통을 강제한다. '생산하다'를 뜻하는 독일어 'produzieren'의 어원은 '내보이다' 혹은 '보이게 만들다'를 뜻하는 라틴어 '프로두케레producere'다. 같은 어원에서 유래한 프랑스어 'produire'는 지금도 '보여주다'를 뜻한다. 'se produire'는

'자기를 드러내다'를 뜻한다. 일상적인 독일어 표현 'sich produzieren'(자기를 과시하다)도 아마 같은 어원에서 유래했을 것이다. 오늘날 우리는 모든 곳에서 강박적으로 우리 자신을 드러낸다. 예컨대 소셜미디어에서 그러하다. 사회적 차원은 자기생산Selbst-Produktion(자기과시)에 완전히 종속된다. 모든 각자가 더 많이 주목받기 위해 자기를 생산한다. 자기생산의 강제는 공동체의 위기를 초래한다. 오늘날 도처에서 들먹여지는 이른바 '커뮤니티community'는 공동체의 소멸 단계, 공동체의 상품 형태이자 소비 형태에 불과하다. 커뮤니티에는 어떤 형태의 상징적 결합력도 없다.

공동체 없는 소통은 가속된다. 왜냐하면 그 소통은 가산加算적이기 때문이다. 반면에 리추얼은 **서사적**narrative 과정이며, 서사적 과정은 가속을 허용하지 않는다. 상징들은 **멈춰 있다**stehen still. 반면에 정보는 멈춰 있지 않다. 정보는 돌아다님으로써 **존재한다**sind. 오늘날 **고요**Stille는 단지 소통의 멈춤을 의미할 따름이다. 고요는 아무것도 생산하지 않는다. 탈산업화 시대에는 기계의 소음이 소통의 소음에 밀려난다. 더 많은 정보, 더 많은 소통은 더 많은 생산을 기대하게 한다. 그리하여 생산 강제는 소통 강제로 표출된다.

생산 강제는 성과 강제로 이어진다. 리비도경제의 관점에서 볼 때, 성과는 노동과 다르다. 노동할 때는 꼭 자아가 중심에 놓여야 하는 것은 아니다. 반면에 성과에서는 자아가 특별히 자기 자신과 관련 맺는다. 자아는 단지 대상을 생산하는 것이 아니라 **자기를** 생산한다. 대상 리비도에 흡수된 사람은 자기를 생산하지 않고 오히려 **다 써서 없앤다**. 나르시시즘적 자기관련이야말로 성과의 본질이다. 자아 리비도가 성과주체를 지배한다. 더 많은 성과를 낼수록 성과주체는 더 많은 자아를 획득한다. 잘 알려져 있듯이, 프로이트는 자아 리비도를 죽음충동으로 분류한다. 나르시시즘적 성과주체는 자아 리비도의 치명적 축적으로 인해 파열한다. 그 주체는 자유의지와 열정으로 자기를 착취하여 결국 붕괴한다. 그 주체는 자기를 죽음에 최적화한다. 그 주체의 좌절을 일컬어 우울 혹은 '번아웃burnout'이라고 한다.

리추얼이 규정하는 사회에서는 우울이 발생하지 않는다. 그런 사회에서 영혼은 리추얼 형식들에 완전히 흡수된다. 그야말로 영혼이 텅 비게 되는 것이다. 리추얼은 세계를 성분으로 함유한다. 리추얼은 강력한 세계관련을 산출한다. 반면에 우울의 바탕에 놓여 있는 것은 너무 빡빡하게 조여진 자기관련이다. 우울에 빠진 사람은 자기에게서 벗어나 세계로 건너갈 능력을 완전히 잃고 자기 안에 은둔한다. 세계는 사라진다. 고통스러운 공허감 속에서 그는 고작 자기 주위를 맴돌 뿐이다. 반면에 리추얼은 자아가 자기라는 짐을 내려놓게 해준다. 리추얼은 자아를 탈심리화하고 탈내면화한다.

리추얼에 위계와 권력관계가 끼어드는 일은 드물지 않다. 또한 리추얼은 미美적인 연출을 통해 지배자를 아우라로 치장할 수 있다. 그러나 리추얼의 본질은 '집안에 들기'를 상징적으로 실천하기다. 롤랑 바르트도 '집안에 들기'를 출발점으로 삼아 리추얼과 예식에 관한 생각을 펼친다. 리추얼과 예식은 우리를 존재의 까마득한 구렁텅이Abgrund로부터 보호한다. "예식은 […] 집처럼 보호한다. 느낌을 거주 가능하게 만든다. 예컨대 슬픔을 […]"[12] 장례식은 니스칠처럼 피부 위에 덮여 사랑하는 사람의 죽음 앞에서 피부가 참혹한 슬픔의 화상을 입지 않게 보호해준다.

보호 장치로서의 리추얼이 제거되면, 삶은 완전히 무방비로 된다. 생산 강제는 이 초월적 무방비와 비거주를 극복할 수 없을 것이다. 오히려 결국엔 이 무방비와 비거주를 심화할 것이다.[13]

진정성 강제

진정성 사회는 실행performance 사회다. 누구나 실행한다.
누구나 자기를 생산한다. 누구나 자아 숭배에, 자아 예
배에 충성한다. 자아 예배에서 사람은 자기 자신의 성직
자다. 찰스 테일러는 근대적인 진정성 숭배에 "도덕적인
힘"이 있다고 말한다. "자기 자신에 충실하다 함은 다름
아니라 고유한 독창성에 충실하다는 것이다. 그리고 고
유한 독창성은 오직 나 자신만 명확히 드러내고 찾아낼
수 있다. 고유한 독창성을 명확히 드러냄으로써 나는 또
한 나 자신을 정의한다. 이로써 나는 전적으로 고유하게
나 자신에게 귀속하는 가능성을 실현한다. 이것이 근대
적인 진정성 이상과 '자기충족' 혹은 '자기실현'이라는 목
표의 배경에 놓인 견해다. 일반적으로 그 이상은 이 목표

를 뜻하는 것으로 이야기된다. 이런 배경 때문에, 진정성의 문화는 가장 저급하고 터무니없고 사소한 형태를 띨 때조차도 도덕적인 힘을 가진다."[14] 그러나 고유한 정체성을 설계하는 작업은 이기적이면 안 되고 사회적 의미 지평을 배경으로 삼아서 이루어져야 한다. 그 의미 지평이 그 설계 작업에 고유한 자아를 넘어서는 중요성을 부여한다. "역사, 자연의 요구, 동료 인간들의 욕구, 국민의 의무, 신의 소명이나 이와 유사한 지위의 무언가가 결정적인 역할을 하는 세계 안에서 내가 살 때만, 나는 사소하지 않은 방식으로 고유한 정체성을 정의할 수 있다. 진정성은 고유한 자아의 건너편 영역에서 나오는 요구들에 반발하기는커녕 그런 요구들을 전제한다."[15] 이렇게 보면, 진정성과 공동체는 서로를 배척하지 않는다. 테일러는 진정성의 형식과 내용을 구분한다. 자기관련은 진정성의 형식인 자기실현에만 해당되는 얘기다. 반면에, 이것이 테일러가 요구하는 바인데, 진정성의 내용은 이기적이어서는 안 된다. 진정성은 오로지 고유한 자아에 의존하지 않고 존립하는 정체성을 설계함으로써만 입증된다. 바꿔 말해 진정성은 오로지 공동체와의 명시적 관련을 통해서만 입증된다.

그러나 테일러의 견해와 달리, 진정성은 공동체의 적

으로 기능한다. 진정성의 나르시시즘적 구조 때문에 진정성은 공동체 형성을 저지한다. 진정성의 내용과 관련해서 결정적인 것은 진정성의 공동체와의 관련이나 기타 상위 질서와의 관련이 아니라 진정성의 시장가치, 다른 모든 가치들을 들어 메쳐 제압하는 시장가치다. 따라서 진정성의 형식과 내용이 합일된다. 둘 다 자아와 관련이 있다. 진정성 숭배는 사회의 정체성 질문을 낱낱의 개인에게로 옮겨놓는다. 그리하여 자기생산이 항구적으로 이루어진다. 그렇게 진정성 숭배는 사회를 원자화한다.

진정성에 대한 테일러의 도덕적 정당화는 신자유주의 체제에서 일어나는 저 미묘한 과정을 은폐한다. 그 과정은 자유와 자기실현이라는 이념을 좌절시키고 효율적인 착취의 도구로 타락시킨다. 신자유주의 체제는 도덕을 착취한다. 지배가 자유로 자처하는 순간, 지배는 완성된다. 진정성은 신자유주의적 생산형식이다. 사람들은 자기를 실현한다고 믿으면서 자유의지로 자기를 착취한다. 진정성 숭배를 수단으로 삼아 신자유주의 체제는 인간 자체를 체제의 소유물로 만들고 그를 효율성이 더 높은 생산소生産所로 변신하게 만든다. 그렇게 인간 전체가 생산과정의 부품이 된다.

진정성 숭배는 사회적인 것의 몰락을 보여주는, 간과

할 수 없는 징후다. "누군가가 진정성이 있다고 평가받거나 사회 전체가 진정성 문제를 일으킨다고 이야기될 때, 이 어법이 드러내는 것은 사회적 행위가 얼마나 심하게 가치 절하되었는가 하는 것이다. 그 가치 절하와 동시에 심리적 맥락은 점점 더 중요해진다."[16] 진정성 강제는 나르시시즘적 자기성찰을, 자신의 심리에 대한 항구적인 몰두를 유발한다. 또한 소통도 심리적으로 조직된다. 진정성의 사회는 친밀함과 노출의 사회다. 영혼-나체주의 Seelen-Nudismus가 그 사회에 포르노적 특징을 부여한다. 사회관계에서 프라이버시와 친밀한 영역이 더 많이 드러날수록, 그 사회관계는 더 참되고 진정하다.

18세기 사회는 아직 리추얼적 상호작용에 의해 규정되었다. 공적인 공간은 무대와 유사하고 극장과 유사했다. 몸은 하나의 무대였다. 몸은 영혼이 없는 마네킹, 예쁘게 주름 잡고 장식하고 기호와 상징으로 치장해야 할 심리도 없는 마네킹이었다. 가발은 그림을 감싸듯이 얼굴을 감쌌다. 패션 자체가 연극적이었다. 사람들은 연극적 표현을 정말로 사랑했다. 귀부인의 머리 모양도 무대 장면에 어울렸다. 그 머리 모양은 역사적 사건을 표현하거나 (pouf à la circonstance) 느낌을 표현했다(pouf au sentiment). 그런데 이 느낌은 영혼의 상태를 반영하지 않았다. 느낌은 무엇보다도 **연기(놀이)**의 수단이었다. 얼굴도 그 자체로 무대였고, 사람들은 그 무대 위에 애교점mouche을 찍어 특정한 성격을 표현했다. 예컨대 눈꼬리에 찍은 애교점은 열정을 의미했다. 아랫입술의 애교점은 당사자가 단도직입적 성격임을 알려주었다. 무대로서의 얼굴은 오늘날 페이스북에 전시되는 '페이스face'와 전혀 다르다.

19세기는 노동을 발견했다. 연기에 대한 불신은 점점 더 커졌다. 사람들은 연기보다 노동을 더 많이 했다. 세계는 극장이라기보다 공장이었다. 연극적 표현의 문화는 내면성의 문화에 밀려났다. 이 변화는 패션에서도 나타났다. 무대의상과 외출복의 차이가 점점 더 커졌다. 패션에서 연극적 요소가 사라졌다. 유럽 전체가 작업복을 입었다. "문화 전반이 더 진지해지는 것이 19세기의 전형적 현상이라는 점은 거의 부정할 수 없는 듯하다. 19세기 문화는 훨씬 덜한 정도로 '연기演技된다'. 사회의 외적 형식들은 수준 높은 삶의 이상이 더는 아니다. 과거에는 바짓단에 고무줄을 끼운 여성용 반바지, 가발, 허리에 찬 검이 그런 이상의 구실을 했지만 말이다. 남성 의상에서 환상적 요소가 사라지는 것보다 더 뚜렷하게 연극성의 포기를 보여주는 징후는 거의 찾을 수 없다."[17] 남성 의상은 19세기 동안에 점점 더 단조로워졌으며 약간의 변형만 허용했다. 당시의 남성 의상은 노동자의 유니폼처럼 통일된 느낌을 준다. 각 사회의 패션으로부터 그 사회의 기본 구조를 읽어낼 수 있다. 패션은 예컨대 사회의 포르노화가 심해지는 것을 반영한다. 오늘날의 사회는 포르노적 특징을 확연히 띠었다. 사람들은 **형식**보다 살肉을 더 많이 내보인다.

진정성 숭배의 분위기 속에서 문신文身도 다시 유행한다. 리추얼적 맥락에서 문신은 개인들과 공동체 사이의 동맹을 상징한다. 19세기에 문신은 주로 상류층에서 매우 사랑받았는데, 당시에 몸은 여전히 그리움과 꿈을 투사하는 영사막이었다. 반면에 오늘날의 문신은 어떤 상징력도 없다. 오늘날의 문신은 당사자의 유일무이성을 환기할 따름이다. 여기에서 몸은 리추얼적 무대도 아니고 영사막도 아니다. 오히려 광고판이다. 신자유주의적 같음의 지옥에서 문신한 클론들이 산다.

진정성 숭배는 공적 공간이 침식되게 한다. 공적 공간이 파열하여 사적 공간들이 된다. 모든 각자가 어디에서나 자신의 사적 공간을 가지고 다닌다. 공적 공간에서 역할을 수행하려면 사적인 차원을 도외시해야 한다. 공적 공간은 연극적 표현의 장소, 곧 극장이다. 연기와 연극은 본질적으로 공적 공간을 위한 것이다. "사교 형식, 관습, 리추얼적 몸짓의 형태를 띤 연기는 재료이며, 그 재료로부터 공적 관계가 형성되고 감정적 의미를 얻는다. 공공성의 광장이 동아리 관계들에 의해 침해되고 파괴되는 정도에 비례하여, 사람들의 연기력 사용이 저지된다. 친밀한 동아리의 구성원들은 자신의 예술을 박탈당한 예술가가 된다."[18] 오늘날 세계는 역할들이 연기되고 리추얼적 몸짓이 오가는 극장이 아니라 시장이다. 그 시장에서 사람들은 자기를 발가벗기고 전시한다. 연극적 표현은 사적인 것의 포르노적 노출에 밀려난다.

사교성과 공손함도 연극과 관련이 깊다. 사교성과 공손함은 아름다운 외관Schein을 지닌 연기다. 바꿔 말해 사교성과 공손함은 연극적 거리를 전제한다. 오늘날 사람들은 진정성 혹은 진짜Echtheit를 내세우면서 아름다운 외관을, 리추얼적 몸짓을 외적인 것이라며 떨쳐버린다. 그러나 그 진짜는 날것이요 야만일 따름이다. 나르시시즘적 진정성 숭배는 사회가 갈수록 더 야만화되도록 만드는 원인들 중 하나다. 오늘날 우리는 흥분의 문화 속에서 산다. 리추얼적 몸짓과 사교 형식이 부서지면, 흥분과 감정이 주도권을 쥔다. 공공성에 필수적인 연극적 거리는 소셜미디어에서도 허물어진다. 그 결과는 거리 없는 흥분의 소통이다.

나르시시즘적 진정성 숭배는 느낌과 생각에 적잖은 영향을 미치는, 형식들의 상징적 힘을 보지 못하게 만든다. 이에 대응하여, **형식의 우위**를 복원하는 **리추얼적 전환**을 생각해볼 수 있다. 리추얼적 전환은 내면과 외면의 관계, 정신과 몸의 관계를 뒤집는다. **몸이 정신을 움직인다. 정신이 몸을 움직이는 것이 아니다. 몸이 정신을 따르는 것이 아니라, 정신이 몸을 따른다.** 이렇게 말할 수도 있을 것이다. **'미디어가 메시지를 산출한다.'** 바로 이것이 **리추얼의 힘**이다. 외적 형식이 내적 변화를 가져온다. 예컨대 예법에 맞는 공손한 몸짓은 정신적 효과를 낸다. 아름다운 외관은 아름다운 영혼을 산출한다. 거꾸로 아름다운 영혼은 아름다운 외관을 산출하지 않는다. "공손한 몸짓은 우리의 생각을 지배하는 힘이 크다. 상냥함, 호의적임, 기쁨을 몸짓으로 흉내 내면, 나쁜 기분과 복통을 완화하는 데도 도움이 된다. 그 흉내에 필요한 운동들―허리 굽히기와 미소 짓기―은 거기에 반대되는 분노, 불신, 슬픔의 운동들을 불가능하게 만든다는 장점이 있다. 사교 모임이 이토록 사랑받는 이유가 여기에 있다. 사교 모임은 행복을 흉내 낼 기회를 제공한다. 이 희극은 우리를 비극으로부터 확실히 멀어지게 하는데, 이것은 결코 사소한 효과가 아니다."[19]

진정성의 문화는 리추얼화된 상호작용 형식에 대한 불신과 짝을 이룬다. 오직 자발적 느낌 곧 주관적 상태만 진정하다. 형식화된 행동은 진정하지 않거나 외면적인 것으로서 배척된다. 진정성의 사회에서 행위들은 내면을 따르고 심리적 동기에서 비롯되는 반면, 리추얼적 사회에서는 외면화된 상호작용 형식들이 행위를 규정한다. 리추얼은 세계를 객관화한다. 리추얼은 세계관련을 매개한다. 반면에 진정성 강제는 모든 것을 주관적으로 만든다. 그럼으로써 진정성 강제는 나르시시즘을 심화한다. 오늘날 나르시시즘적 장애들이 증가하는 것은 우리가 자아의 경계 바깥의 사회적 상호작용을 위한 감각을 점점 더 잃어가기 때문이다. 나르시시즘적 '호모 프시콜로기쿠스homo psychologicus(심리적 인간)'는 자기 안에, 자신의 뒤틀린 내면성 안에 갇혀 있다. 그의 세계 결핍은 그를 고작 자기 주위만 맴돌게 한다. 그리하여 그는 우울에 빠진다.

나르시시즘이 왕성하면, 문화에서 연극(놀이)의 면모가 사라진다. 삶은 쾌활함과 분방함을 점점 더 잃는다. 문화는 저 신성한 놀이의 영역에서 멀어진다. 노동과 성과의 강제는 삶의 세속화를 심화한다. 신성한 놀이의 진지함은 세속적인 노동의 진지함에 밀려난다.

이런 변화는 제임스 본드 영화들에서도 나타난다. 그

영화들은 갈수록 더 진지해지고 덜 장난스러워진다. 최신 편들은 심지어 마지막의 쾌활한 사랑 리추얼과도 결별한다. 〈007 스카이폴〉의 마지막 장면은 당혹감을 자아낸다. 본드는 태평하게 사랑놀이에 빠져드는 대신에 상사인 M으로부터 다음 임무를 받는다. M이 본드에게 묻는다. "할 일이 많아. 업무에 복귀할 준비 됐나?" 본드가 진지한 표정으로 대답한다. "예, 되고말고요, M. 기꺼이 복귀하겠습니다!"

연극 같고 축제 같은 방탕을 허용하는 리추얼적 공간, 바꿔 말해 세속적 일상과 대조되는 과도함과 낭비의 공간은 점점 더 침식된다. 문화는 세속화된다. 오늘날의 관객이 〈그랑 부프La Grande Bouffe〉 같은 영화를 보면 이해할 수 없다는 생각밖에 들지 않을 것이다. 일반적으로 축제에는 한도 초과의 면모가 깃들어 있다. "그것(즉, 문화)은 축제 같은 예외 상황을 명령하고 조성한다. 그 상황에서는 평소라면 금지되었을 것이 갑자기 명령된 것으로 나타나고 한도 초과의 예식 안에서 쾌활한 사교로서, 즐거운 승리로서, 심지어 격한 감동으로서 체험 가능하게 된다. 뚜렷한 (또한 프로이트가 잘 알았던) 예를, 특정한 동물을 잡아먹는 것이 금지된 토테미즘 사회들에서 발견할 수 있다. 무슨 말이냐면, 연중 특정 시기에는 그 금지가 풀리면서 명령으로 대체된다. 그러면 사람들은 토템을 잡아 먹어야 한다. 이는 즐거운 사건이다."[20]

문화의 세속화는 문화의 탈마법화로 이어진다. 오늘날에는 예술도 점점 더 세속화되고 탈마법화된다. 예술은 담론Diskurs의 편에 서서 본래 자신의 기원일 법한 마술과 마법을 버린다. 마법 같은 외면은 참된 내면으로, 마술적 기표Signifikant는 세속적 기의Signifikat로 대체된다. 강제적이고 매혹적인 형식의 자리에 담론적 내용이 들어선다. 마술은 **투명성**에 밀려난다. 투명하라는 명령은 형식에 대한 적개심을 일으킨다. 예술은 의미의 측면에서 **투명해진다.** 이제 예술은 유혹하지 않는다. 마술적인 베일은 벗겨진다. 형식은 직접 나서서 **말하지** 않는다. 형식의 언어, 기표의 언어는 농축, 복잡성, 다의성, 과장, 고도의 불명확성, 심지어 모순성을 특징으로 가진다. 형식은 **의미심장함**을 암시하지만 의미에 흡수되지 않는다. 그런데 오늘날 형식은 단순화된 의미와 메시지를 위해 사라지고, 예술작품에 단순화된 의미와 메시지가 덮어씌워진다.

예술의 탈마법화는 예술을 프로테스탄트적으로 만든다. 예술은 말하자면 탈리추얼화되고 화려한 형식들을 잃는다. "1980년대 말까지만 해도 미술관들은 가톨릭 교회와 유사한 모습이었다. 알록달록하고 쾌활한 형식들과 형태들이 풍부하게 있었다. 반면에 그때 이후 미술 단체들은 내용에 중점을 두고 말해지거나 쓰인 언어에 중점을 둔다는 점에서 몹시 프로테스탄트적인 인상을 풍긴다."[21] 예술은 담론이 아니다. 예술은 기의를 통해서가 아니라 기표를 통해서, 형식을 통해서 작용한다. 예술을 담론과 유사하게 만들고 세속적인 내면을 위해 신비로운 외면을 포기하는 내면화 과정은 예술을 파괴한다. 예술의 탈마법화는 나르시시즘의 한 현상, 나르시시즘적 내면화의 한 현상이다.

집단적 나르시시즘은 에로스를 허물고 세계를 탈마법화한다. 문화 속의 에로스적 자원은 확연히 고갈된다. 그 자원은 사회를 결속하고 놀이와 축제로 이끄는 힘이기도 하다. 에로스적 자원이 없으면, 사회에 파괴적으로 작용하는 원자화가 일어난다. 리추얼과 예식은 참으로 인간적인 행위다. 그 행위는 삶을 축제와 마법처럼 보이게 만든다. 리추얼과 예식의 소멸은 삶을 생존으로 격하하고 세속화한다. 그러므로 **세계의 재마법화**Wiederverzauberung에서 집단적 나르시시즘을 치유하는 힘을 기대해볼 만하다.

맺음 리추얼

현재 만연한 개방과 탈경계의 과잉 속에서 우리는 맺음 Schließen 능력을 상실해간다. 그리하여 삶은 한낱 가산加算적인 것이 된다. 죽음은 삶이 특별하게 끝맺어지는 것을 전제한다. 삶에서 모든 맺음의 가능성을 박탈하면, 삶은 때아닌 때에 끝난다. 오늘날엔 심지어 지각도 맺음 능력이 없다. 지각은 서둘러 한 감각에서 다른 감각으로 옮겨 간다. 오직 관조하며 거주하기kontemplatives Verweilen만이 맺음의 능력을 지녔다. 눈 감기Augen-Schließen는 관조적 맺음의 상징이다. 밀려드는 이미지와 정보는 눈 감기를 불가능하게 만든다. 맺음의 부정성이 없을 때 일어나는 일은 끝없는 덧셈과 축적, 긍정성의 과잉, 정보와 소통의 비만肥滿한 번성이다. 끝없는 접속Anschluss 가능성이 있는 공간에서는 끝맺음Abschluss이 불가능하다. 과잉생산 및 과잉소비의 물결 속에서 일어나는 맺음형식의 허물어짐은 시스템의 경색梗塞을 유발한다.

최적화와 성과를 이뤄내라는 신자유주의의 명령은 끝맺음을 허용하지 않는다. 그 명령은 모든 것을 잠정적이고 미완성이게 만든다. 아무것도 궁극적이거나 최종적이지 않다. 소프트웨어뿐 아니라 삶의 모든 영역이 최적화 강제 아래 놓인다. 교육마저도 그러하다. 평생학습은 졸업을 허용하지 않는다. 평생학습은 평생 생산에 다름 아니다. 신자유주의 체제는 생산성을 높이기 위해 맺음형식들과 종결형식들을 없앤다. 공동 행위의 능력을 지닌 **우리**도 하나의 맺음형식이다. 오늘날 우리는 자아들로 분열하고, 그 자아들은 자신의 경영자로서 자유의지로 자기를 착취한다. 결속의 가차없는 파괴를 통해 유연성이 강제된다. 독자적으로 고립된 성과주체는 모든 것에 대하여 열려 있을 때, 바꿔 말해 유연할 때 자기를 가장 잘 착취한다.

종결 능력 없음은 나르시시즘과도 밀접한 관계가 있다. 나르시시즘적 주체는 해놓은 바, 곧 종결된 노동에서가 아니라 끊임없이 새로운 성과를 산출하기에서 자기를 가장 강렬하게 체험한다. 해놓은 것, 종결된 것은 객체로

40

서 완성된 채 독자적으로, 자아에 대하여 독립적으로 놓여 있다. 그래서 나르시시즘적 주체는 무언가를 종결하기를 꺼린다. "끊임없이 기대를 높여 어떤 행동도 결코 만족스럽게 체험되지 않는 상황에 이르는 것은 무언가를 종결할 능력이 없음과 마찬가지다. 목표에 도달했다는 느낌은 기피된다. 왜냐하면 고유한 체험은 그 느낌을 통해 객체화될 텐데, 그러면 그 체험은 형태와 형식을 띰으로써 자아로부터 독립하여 존속할 것이기 때문이다. […] 자아의 꾸준함, 자아의 흥분의 종결되지 않음과 종결될 수 없음은 나르시시즘의 본질적 특징이다."[22]

개방과 탈경계의 과잉은 사회의 모든 수준에서 계속된다. 그 과잉은 신자유주의의 명령이다. 지구화도 모든 맺어진(닫힌) 구조들을 해체한다. 이는 자본과 상품과 정보의 순환을 가속하기 위해서다. 지구화는 세계를 경계와 장소에서 해방된 전 지구적 시장으로 만든다. 장소는 하나의 맺음형식이다. 전 지구적 시장은 반反장소Un-Ort다. 디지털 연결망도 장소를 없앤다. 그 연결망 역시 반장소다. 따라서 디지털 연결망에서 거주하는 것은 불가능하다. 우리는 그 연결망 안에서 서핑surfing을 한다. 관광객은 장소에서 해방된 세계를 두루 여행한다. 그들은 상품과 정보처럼 끊임없이 순환한다.

헝가리 작가 페터 나다스는 에세이 〈신중한 장소 결정 Behutsame Ortsbestimmung〉에서 한 마을에 관해 서술한다. 리추얼적으로 맺어진 장소인 그 마을의 중심에는 아주 늙은 야생배나무가 있다. "내가 이 거대한 야생배나무 근처에 살게 된 이래로 나는 먼 곳을 보거나 과거를 돌아보려 할 때 떠날 필요가 없어졌다."[23] 그 마을이 보여주는 것은 닫힌 질서다. 그 마을은 거주를 가능하게 만든다. 따라서 "떠날" 필요가 없다. 늙은 야생배나무가 중력을 발휘하여 사람들을 통합하고 심층적인 결속을 이뤄낸다. 그 마을의 거주자들은 거기에 모여 노래한다. "따뜻한 여름 밤이면 그 야생배나무 아래에서 낮은 노랫소리가 들려온다. 마을이 조용히 노래했다. 밤을 부당하게 방해하지 않으려는 기색이 역력했다."[24] 이 장소에서는 소통할 것이 별로 없다. 소통의 소음이 고요를 방해하지 않는다. "여기에서 삶은 개인적 체험들로 이루어지지 않고 […] 깊은 침묵으로 이루어진다는 느낌이 든다. 충분히 납득할 만하다. 개인적 의식을 축복으로 받은 인간은 자신이 아는 것보다 더 많이 말하도록 끊임없이 강제당하는 반면, 근대 이전의 분위기에서는 누구나 모두가 아는 것보다 훨씬 더 적게 말한다."[25] 야생배나무 아래에서 마을은 "리추얼적 관조"에, 리추얼적 침묵에 빠져들고 "집단적 의식 내용"을 승인한다.[26] 맺음 리추얼은 장소를 안정화한다. 그 리추얼은 디지털화와 전 지구화의 물결 속에서 해체되고 있는 **인지적 대응**kognitives Mapping을 산출한다.

그 마을의 거주자들은 심층적으로 결속된 상태로 산다. 지각뿐 아니라 행위도 집단적 형식을 띤다. 그들은 함께 보고 듣는다. 행위는 특정 주체에 귀속되지 않는다. "마을이 무언가를 행하거나 지각하면, 그 행위나 지각은 한 주체, 한 개인을 갖지 않는다. 바꿔 말해, 행위나 지각에 참여한 개인들은 집단적 의식에 의해 **리추얼적으로 삼켜지고**, 그들의 경험은 그 장소를 대표하는 일반적 이름에 귀속된다."[27] 집단적 의식은 소통 없는 공동체를 만들어낸다. 하나의 커다란 이야기Erzählung가 계속 반복되며, 그 이야기는 그 마을의 거주자들에게 **세계**다. "그들은 이것저것에 대한 견해가 없다. 대신에 그들은 단 하나의 커다란 이야기를 중단없이 이어간다."[28] 그 마을을 지배하는 것은 **말 없는** 합의다. 아무도 개인적 체험과 견해로 그 합의를 교란하지 않는다. 아무도 남들의 이목을 끌려 하지 않는다. 사람들의 주의는 일차적으로 공동체에 집중된다. 리추얼적 공동체는 함께 듣기와 함께 속하기의 공동체, 고요한 일치 안에서 침묵하는 공동체다. 그 근원적인 가까움이 사라질 때, 바로 그때 과도한 소통이 발생한다. 소통 없는 공동체가 공동체 없는 소통에 밀려난다.

이야기는 하나의 맺음형식이다. 이야기는 시작과 끝이 있다. 이야기는 맺어진 질서를 묘사한다. 반면에 정보는 서사적이지 않고 가산적이다additiv. 정보들은 하나의 이야기로, 의미와 정체성을 창출하는 하나의 노래로 함께-맺어지지지zusammenschließen(연합되지) 않는다. 정보들은 오로지 끝없는 소통만 허용한다. 늙은 야생배나무 곁에는 고요가 있다. 왜냐하면 이미 모든 것이 이야기되었기 때문이다. 오늘날에는 소통의 소음이 고요를 몰아낸다. 〈신중한 장소 결정〉은 조용한 슬픔을 느끼게 하는 단어로 마무리된다. "오늘, 특별히 선정한 나무들은 더는 없고, 마을의 노래는 그쳤다verstummt."**29**

〈신중한 장소 결정〉이 포함된 동명의 책에 실린 둘째 에세이는 〈자신의 죽음Der eigene Tod〉이다. 이 글에서 나다스는 자신의 임사체험을 서술하는데, 그 체험은 죽음을 출생과 연결한다. 나다스의 임사체험은 맺음형식을 형성한다. 여기에서 죽음은 끝도 상실도 아니다. 죽음은 새출발로 상상된다. 그 끝에 환한 빛이 보이는 죽음의 통로는 산도産道로 바뀐다. "나는 어머니의 자궁에서 미끄러져 나와 산도에 진입한다. […] 타원형 출구는 어머니의 커다란 음순이 벌어진 것이었다. 내가 산도에서 보아

44

익히 아는, 몇십 년 전에 돌아가신 어머니의 커다란 음순이 벌어져 있었다. 혹은 내가 태어나기 위해 접근하는 탓에 점점 더 벌어졌다."[30] 죽음의 순간이 출생의 순간으로 뒤집힌다. 그렇게 **죽음과 출생의** 순환적인 **함께-맺어짐**이 이루어지고 **무한**이 산출된다. 인간의 삶이 저 야생배나무로 구현되었던 순환적 시간에 빗대어진다. 에세이 〈자신의 죽음〉은 150장이 넘는 그 늙은 야생배나무 사진으로 둘러싸여 있다. 잘 알려져 있듯이 나다스는 신들린 사람처럼 계절마다 그 나무를 촬영했다. 이 경우에 촬영은 맺음 리추얼이다. 그 사진들은 독특한 시간 감각을, 순환적 시간을, 곧 **자족적으로 닫힌** 시간을 산출한다.

나다스가 서술한 마을은 아마도 우호적인 장소가 아닐 것이다. 원시적 집단이 손님에게 우호적일 것을 기대할 수는 없다. 장소의 더없이 근본적인 맺음에 동반된 폭력의 가능성을 감안하면, 맺음을 순박하게 찬양할 수는 없다. 오늘날 다시 깨어나는 민족주의에는 저 맺음의 욕구가 깃들어 있다. 저 맺음은 타자에 대한, 이방인에 대한 배제로 이어진다. 그러나 이를 간과하지 말아야 하는데, 완전한 맺음의 부정성뿐 아니라 과도한 개방의 긍정성도 폭력이다. 그리고 폭력은 대항 폭력을 부른다.

인간은 '장소적 존재'다. 장소가 비로소 거주를, 머무름

을 가능케 한다. 그러나 장소적 존재가 꼭 장소근본주의
자인 것은 아니다. 장소적 존재는 손님에 대한 우호성을
배제하지 않는다. 파괴적인 것은 전 지구화를 통한 세계
의 완전한 탈장소화Ent-Ortung다. 그 탈장소화는 모든 차
이를 평준화하고 같음의 변형들만 허용한다. 다름, 곧 낯
섦은 생산에 지장을 준다. 따라서 지구화는 **같음의 지옥**을
만들어낸다. 바로 이런 전 지구화의 폭력 앞에서 장소근
본주의가 깨어난다.

문화는 하나의 맺음형식이다. 따라서 문화는 동일성
을 창출한다. 그러나 그 동일성은 배제하는 동일성이 아
니라 **포함하는 동일성**이다. 따라서 문화는 이방인을 기꺼
이 수용한다. 헤겔은 그리스 문화의 발생에 관하여 이렇
게 언급한다. "방금 우리는 이질성Fremdartigkeit을 그리스
정신의 한 요소로서 언급했다. 잘 알려져 있듯이, [그 정
신의] 형성의 시작은 이방인들이 그리스에 도래한 것과
관련이 있다."**31** 그리스인들은 이방인들의 도래를 고맙게
회상하며 신화 속에 기록했을 것이다. 예컨대 프로메테
우스는 캅카스에서 왔다고 한다. 헤겔에 따르면 "혈연과
친분 안에 머무는 족속의 단순한 발전으로부터 아름다
우며 참으로 자유로운 삶이 나올 수 있다고 상상하는 것
은 피상적인 어리석음이다."**32** 오히려 "그는[정신은] 오

로지 자기 안의 이질성을 통해서만 정신으로 존재할 힘을 얻는다." 정신은 "맺음"이며, 포함하는 힘, 다른 것, 낯선 것을 자기 안으로 수용하는 힘이다. "자기 안의 이질성"은 정신의 형성에 필수적이며 본질적이다. 이런 관점에서 보면, 오늘날 흔히 거론되는 주류문화, 곧 낯선 것을 맹목적으로 배제하는 문화는 정신이 없다. **레트로토피아**Retrotopia(복고적 유토피아―옮긴이)[33]의 한 형태인 그 문화는 상상의 세계에 정착해 있다.

전 지구화는 문화적 공간들을 탈경계화하고 무너지게 함으로써 문화를 탈장소화하고 과도過度문화Hyperkultur로 만든다.[34] 그리하여 문화적 공간들은 서로 포개지고 침투하여 간격 없이 하나의 덩어리를 이루고, **문화의 과도시장**Hypermarkt이 발생한다. 과도문화는 하나의 문화 소비 공식Formel이다. 과도문화는 상품의 형태로 자기를 드러내며, 뿌리줄기Rhizom처럼 경계도 중심도 없이 확산한다. 앞서 본 나다스의 야생배나무는 다름 아니라 장소화된(장소를 가진)verortet 문화의 상징이다. 그 나무는 뿌리줄기의 정반대다. 탈장소화된 과도문화는 가산적이다. 과도문화는 맺음형식이 아니다. "나무는 중심 줄기에서 가지들이 갈라져 나가는 구조인 반면, 뿌리줄기는 동맹이며 오로지 동맹일 따름이다. 나무는 동사 '있다sein'를 필요

로 하는 반면, 뿌리줄기는 '그리고… 그리고… 그리고…'
형태의 연접에서 자신의 맥락을 발견한다. 동사 '있다'를
뒤흔들고 뿌리 뽑기에 충분한 힘이 이 연접 안에 들어 있
다."[35] 있다Sein는 **장소를 위한 동사**다. 과도문화적인 **그리고
의 논리**는 그 동사를 뿌리 뽑는다. 들뢰즈가 찬양한 끝없
는 연접은 결국 파괴적이다. 그 연접의 귀결은 악성 종양
처럼 번져나가는 같음, 그야말로 같음의 지옥이다.

　문화적 과도시장에도 이질적인 것은 없다. 이질적인
것은 소비에서 벗어난다. 전 지구화된 세계는 정신의 장
소가 아니다. 왜냐하면 정신은 "자기 안의 이질성"을 전
제하니까 말이다. 이질적인 것이 정신을 살리고 고무한
다. 강화하는 장소근본주의, 현재의 주류문화는, 전 지구
적 신자유주의적 과도문화에 대한 반작용, 과도문화적
장소-없음에 대한 반작용이다. 양쪽 문화 형태가 화해할
수 없으며 적대적인 방식으로 맞서 있다. 하지만 양쪽 문
화에는 공통점이 있다. 양쪽 다 이질적인 것을 받아들이
지 않는다.

　리추얼의 폐지는 무엇보다도 '고유시간Eigenzeit'을 없
앤다. 고유시간이란 생애의 특정 시기를 말한다. "바로 그
것을 고유시간이라고 부를 수 있으며, 우리 모두는 자신
의 인생 경험을 통해 고유시간이 무엇인지 잘 안다. 고유

시간의 기본 형태들은 아동기, 청소년기, 성년기, 노년기, 죽음이다. [...] 누군가를 젊은 사람이나 늙은 사람이게 하는 시간은 시계가 가리키는 시간이 아니다. 그 시간에는 명백히 불연속성이 있다."[36] 리추얼은 삶에서 본질적인 이행에 형식을 부여한다. 리추얼들은 맺음형식들이다. 리추얼들이 없으면, **우리는 쭉 미끄러져 간다**. 예컨대 우리는 나이를 먹으면서도 늙지 않는다. 혹은 영영 성숙하지 않는 유아적 소비자로 머무른다. 오늘날 고유시간의 불연속성은 생산과 소비의 연속성에 밀려난다.

이행 의례, 곧 **통과 의례**는 삶을 계절들처럼 구조화한다. 문턱을 넘는 사람은 삶의 한 단계를 끝맺고 새 단계에 진입한다. 문턱들은 이행移行지점들로서 공간과 시간을 율동적으로 만들고 또렷하게 만든다. 한마디로, 공간과 시간을 이야기로 만든다erzählen. 문턱들은 심층적인 질서 경험을 가능케 한다. 문턱들은 시간집약적 이행지점들이다. 문턱들은 오늘날 더 빠르고 중단 없는 소통과 생산을 위해 철거된다. 그리하여 우리는 공간과 시간의 측면에서 더 빈곤해진다. 우리는 더 많은 공간과 시간을 **생산하려** 노력하면서 공간과 시간을 상실한다. 공간과 시간은 **언어**를 잃고 **침묵한다**. 문턱은 **말한다**. 문턱은 **변화시킨다**. 문턱 너머에는 **다른 것, 이질적인 것**이 있다. 문턱의 환상이 없으면, 문턱의 마법이 없으면, 오로지 **같음의 지옥**만 남는다. 전 지구화는 문턱과 이행을 가차 없이 철거함으로써 이루어진다. 정보와 상품은 문턱 없는 세계를 선호한다. **저항 없는 매끄러움**은 정보와 상품의 순환을 가속한다. 시간집약적 이행지점은 오늘날 파열하여 빠르게 통과하는 지점이 된다. 계속 이어지는 링크, 끝없는 클릭이된다.

축제와 종교

신은 일곱째 날을 축복하고 신성하게 했다. 안식일의 휴식은 창조 작품에 신적인 장엄함을 부여한다. 그 휴식은 그저 활동 없음이 아니다. 오히려 그 휴식은 창조의 본질적인 부분이다. 라시는 〈창세기〉 주석에서 이렇게 언급한다. "창조의 6일이 지난 후, 세계에 아직 부족한 것은 무엇이었을까? 메누하menucha['활동 없음', '휴식'을 뜻하는 히브리어]. 안식일이 되었고, 메누하가 도래했다. 그리고 세계가 완성되었다."[37] 안식일의 휴식은 창조에 뒤따르지 않는다. 오히려 그 휴식이 비로소 창조를 끝맺는다. 그 휴식이 없으면, 창조는 미완성이다. 일곱째 날에 신은 단지 해놓은 일에서 손을 떼고 휴식하는 것이 아니다. 오히려 휴식은 신의 본질이다. 휴식이 창조를 완성한다. 휴식은 창조의 정수精髓다. 따라서 우리가 휴식을 노동보다 하위에 둔다면, 우리는 신적인 것을 놓치게 된다.

프란츠 로젠츠바이크가 보기에 안식일은 "창조의 축제, 휴식과 응시의 축제"다. 안식일에 사람들은 무엇보다도 "혀를 일상의 잡담에서 벗어나 쉬게" 하고 "신의 목소리를 침묵하며 듣는 것"에 몰두한다.[38] 안식일은 고요를 명령한다. 입을 다물어야 한다. 침묵하며 듣기는 사람들을 통합하고 소통 없는 공동체를 만들어낸다. "[……] 오로지 침묵할 때만 사람들은 통합되어 있다. 말이 통합하지만, 통합된 사람들은 침묵한다.─그렇기 때문에 영원의 햇빛을 그 해年의 작은 원 안에 모으는 오목거울이 예배의 출발점이 되고 사람들을 이 침묵으로 인도해야 한다. 또한 예배에서도 당연히 공통의 침묵이 비로소 마지막일 수 있으며, 그보다 앞선 모든 것은 이 마지막을 향한 예비 교육일 따름이다. 그런 교육에서는 아직 말이 주도적인 역할을 한다. 하지만 그 말은 함께 침묵하기를 배우도록 이끌어야 한다. 이 교육의 출발점은 듣기를 배우는 것이다."[39]

신성함은 고요를 명령한다. "뮈에인myein, 곧 '신성하게 하다'를 뜻하는 그리스어는 어원적으로 '맺다'에서 유래했다. 이 '맺다'는 일차적으로 눈을 감는다는 뜻이지만,

무엇보다도 입을 다물어야 한다. 신성한 의식의 첫머리에 전령은 '고요'를 '명령했다'(*epitattei ten siopen*)."[40]

고요는 귀를 기울이게 한다. 고요는 특별한 수용성, 심층적이며 관조적인 주의집중과 짝을 이룬다. 오늘날의 소통 강제는 우리를 눈도 입도 맺을 수 없게 만든다. 그 강제는 삶을 탈신성화한다. 고요와 침묵은 디지털 연결망에 들어설 자리가 없다. 그 연결망은 피상적인 주의집중의 문화를 지녔다. 고요와 침묵은 수직적 질서를 전제하는 반면, 디지털 소통은 수평적이다. 그 소통에서는 아무것도 솟아오르지 않으며, 아무것도 깊어지지 않는다. 디지털 소통은 집약적이지 않고 외연적이다. 그리하여 소통의 소음이 증가한다. 우리는 침묵할 수 없기 때문에 소통해야 한다. 혹은, 우리는 소통 강제에, 생산 강제에 예속되어 있기 때문에 침묵할 수 없다. 자유는, 고요를 명령하는 말의 해방하는 힘은 소통 강제로 표출된다. 자유가 다시금 강제로 뒤집힌다.

유대교뿐 아니라 무릇 종교에서 휴식은 축제의 본질적 요소다. 휴식은 특별한 삶의 집약성Lebensintensität을 산출한다. "분주한 일상의 동요와 대비되는 휴식은 축제의 본질에 속한다. 삶의 집약성과 관조를 통합한 휴식, 정확히 말하면, 삶의 집약성이 분방함으로 격상할 때조차도 삶의 집약성과 관조를 통합할 수 있는 휴식."[41] 오늘날 우리에게는 저 축제의 휴식이 완전히 사라졌다. 그 휴식의 핵심 특징은 삶의 집약성과 관조의 동시성이다. 후기근대적spätmodern 위기를 맞아 과도활동성Hyperaktivität으로 변질하고 있는 '활동적 삶vita activa'이 '관조적 삶vita contemplativa'을 자기 안에 수용하는 그 순간에 삶은 참된 집약성에 도달한다.

휴식은 신성함의 영역에 속해 있다. 반면에 노동은 세속적 활동이며, 종교적 행위가 이루어지는 동안에는 완전히 중단되어야 한다. 휴식과 노동은 근본적으로 다른 두 개의 실존 형태다. 양자 사이에는 존재론적 차이, 심지어 신학적 차이가 존재한다. 휴식은 단지 노동에 지친 사람을 회복시키는 일에 종사하지 않는다. 휴식은 새로운 노동을 위한 기력 충전도 아니다. 오히려 휴식은 노동을 초월한다. 휴식은 어떤 식으로도 노동과 접촉하지 말아야 한다. "노동은 세속적 활동의 첫째이자 가장 두드러진 형태다. 노동의 유일하게 이해할 수 있는 목적은 삶의 일상적 필요들을 충족시키는 것이다. 노동은 우리를 오로지 세속적 사물들과 접촉하게 한다. 반면에 축제일에는 종교적 삶이 이례적인 수준의 집약성에 도달한다. 따라서 그 순간에는 이 두 가지 실존의 대립이 특히 또렷해진다. 따라서 두 가지 실존은 나란히 존립할 수 없다. 세속적 삶의 기호들을 여전히 지닌 사람은 신에게 친밀하게 접근할 수 없다. 거꾸로 리추얼이 사람을 신성하게 만들면, 사람은 자신의 일상적인 업무로 복귀할 수 없다. 요컨대 리추얼적 휴식은 신성한 것과 세속적인 것을 갈라놓는 일반적 양립불가능성의 특수한 사례일 따름이다."[42]
오늘날처럼 휴식이 노동으로부터의 회복으로서 노동에 가까워지면 휴식은 존재론적 부가가치를 잃는다. 그러면 휴식은 독자적이며 더 높은 실존 형태이기를 그치고 노동의 파생물로 전락한다. 오늘날의 생산 강제는 노동을 항구화하고 그럼으로써 저 신성한 휴식을 사라지게 만든다. 삶은 완전히 세속화되고 탈신성화된다.

세속적 영역에 속해 있는 노동은 사람들을 개별화하고 고립시킨다. 반면에 축제는 사람들을 모으고 통합한다. 축제의 순환성은 사람들이 모일 필요를 정기적으로 느끼는 것에서 유래한다. 집단성은 인간의 본질이다. 축제 주기는 노동과 휴식, 흩어짐과 모임의 지속적인 교체와 들어맞는다. "제식Kult의 본질은 정기적으로 특정한 시기에 돌아오는 축제 주기다. 이 같은 정기적 귀환을 좋아하는 성향이 어디에서 유래하는지 우리는 이제 이해할 수 있다. 종교적 삶이 따르는 리듬은 사회적 삶의 리듬을 표현할 따름이다. 첫째 리듬은 둘째 리듬의 결과다. 사회는 모일 때만 사회 자신에 대한 느낌을 살려낼 수 있다. 그러나 사회는 이 모임을 꾸준히 유지할 수 없다. 삶의 필요들은 사회가 끝없이 모여 있는 것을 허용하지 않는다. 따라서 사회는 흩어지고, 다시 모임의 필요를 느낄 때 새로 모인다. 이 필연적 교체는 신성한 기간과 세속적인 기간의 정기적 교체와 들어맞는다. […] 덧붙여, 이 리듬의 형태는 사회마다 다를 수 있다. 흩어짐이 극심하고 오래 지속될 경우, 모임의 기간도 대폭 연장된다."[43]

놀이로서의 축제는 삶의 자기 표현이다. 축제는 과잉의 성격을 띤다. 축제는 목표 지점으로 향함 없이 넘쳐흐르는 삶의 표현이다. 바로 이것에 축제의 집약성(강렬함)이 존립한다. 축제는 삶의 집약적 형태다. 축제에서 삶은 외적인 목적에 종속되는 대신에 자기와 관련 맺는다. 따라서 오늘날처럼 생산 강제가 철저히 지배하는 시대는 축제 없는 시대다. 삶은 빈곤해지고 딱딱하게 굳어져 생존으로 전락한다.

우리는 축제를 **다닌다**begehen(독일어 동사 begehen은 '축제'를 목적어로 삼아서 '축제를 거행하다'라는 뜻으로도 쓰인다는 점을 유념하라—옮긴이). 반면에 노동을 다니는 것은 불가능하다. 축제는 말하자면 건물처럼 **서 있기** 때문에, 우리는 축제를 다닐 수 있다. 축제 시간은 **서 있는 시간**이다. 그 시간은 지나가지 않는다. 흘러가버리지 않는다. 그렇게 축제 시간은 **거주를** 가능케 한다. 덧없이 가버리는 순간들의 잇따름으로서의 시간은 거둬진다aufgehoben. 사람들이 **향해 갈** 만한 목표 지점은 없다. 실은 **향해 감**Hingehen이 시간을 지나가게 한다. 축제를 **다니기**Begehen가 지나감을 거둔다. 축제에는 지나가지 않는 무언가가 깃들어 있다. 축제 시간은 높은-시간Hoch-Zeit('Hochzeit'는 '결혼식'이란 뜻─옮긴이)이다. 예술도 축제에서 기원했다. "예술의 시간 경험의 본질은 머무르기를 배우는 것이다. 어쩌면 이것은 우리에게 할당된, 이른바 영원의 대응물일 것이다."[44] **예술의 본질**은 삶에 지속성(멈춤가능성)을 부여하는 것이다. "'머뭇거리는 겨를 안에 몇몇 지속적인 것이 있음'─이것이 오늘의 예술, 어제의 예술, 예로부터의 예술이다."[45] 노동 강제는 삶의 지속성을 파괴한다. 노동 시간은 지나가는 시간, 흘러가버리는 시간이다. 오늘날처럼 삶의 시간이 노동 시간과 완전히 일치하면, 삶 자체가 극단적으로 덧없어진다.

횔덜린에게 축제는 "신부新婦 축제", 신들과의 결혼식이다. 축제일에 사람들은 신들에게 다가간다. 축제는 사람들끼리의 공동체를 창출하고 사람들과 신들의 공동체를 창출한다. 축제는 사람들이 신적인 것에 참여하게 한다. 축제는 집약성을 만들어낸다. 신들은 다름 아니라 인간적 삶의 집약성들의 화신化身이다. 노동과 생산으로 소진되는 삶은 절대적 소멸 단계의 삶이다.

높은-시간은 높은-학교(대학교)Hoch-Schule의 시간성이기도 하다. '학교'를 뜻하는 고대 그리스어 '스콜레scholé'의 또 다른 의미는 '여가餘暇'다. 따라서 대학교란 높은-여가다. 그러나 오늘날 대학교는 높은-여가가 아니다. 대학교도 인적자본을 생산해야 하는 생산소가 되었다. 오늘날의 대학교는 교육Bildung이 아니라 직업교육Ausbildung을 한다. 교육은 수단이 아니라 그 자체로 목적이다. 교육에서 정신은 외적 목적에 종속되는 대신에 자기 자신과 관련 맺는다.

중세의 대학교는 직업교육소가 전혀 아니었다. 그래서 리추얼도 실천했다. 지휘봉, 도장, 박사 모자, 직위를 나타내는 사슬, 학자의 예복은 학문적 리추얼의 상징이다. 오늘날에는 대학교에서도 리추얼이 대체로 폐지된다. 고객을 상대하는 기업으로서의 대학교는 리추얼을 필요로 하지 않는다. 리추얼은 노동 및 생산과 어울리지 않는다. 그럼에도 리추얼이 다시 도입될 경우, 그 리추얼은 단지 장식이며 무력하다. 그 리추얼은 셀피를 찍거나 자신의 성과가 입증되는 것을 볼 또 하나의 기회일 따름이다. 모든 것이 생산 모드로 전환되면, 리추얼은 사라진다.

오늘날의 축제나 페스티벌은 저 높은-시간과 거의 무관하다. 그것들은 이벤트 경영event management의 대상이다. 축제의 소비 형태로서의 이벤트는 전혀 다른 시간구조를 지녔다. '이벤트'의 어원인 라틴어 '에벤투스eventus'는 "갑자기 튀어나옴"을 뜻한다. 이벤트의 시간성은 우발성Eventualität이다. 이벤트는 우연적이고 자의적이며 구속력이 없다. 반면에 리추얼과 축제가 우발적이거나 구속력이 없는가 하면, 그것은 전혀 아니다. 우발성은 오늘날의 이벤트 사회의 시간성이다. 우발성은 축제의 구속력과 반대된다. 또한 축제와 반대로 이벤트는 공동체를 산출하지 않는다. 페스티벌은 군중 행사다. 군중은 공동체를 이루지 않는다.

신자유주의 체제는 생산을 전체화한다. 그리하여 삶의 모든 분야가 생산에 종속된다. 생산의 전체화는 삶의 완전한 세속화로 이어진다. 휴식도 생산에 장악되어 휴가로, 회복을 위한 중단으로 격하된다. 휴가는 신성한 모임의 기간을 유발하지 않는다. 일부 사람들에게 휴가는 공허한 시간, 공허에 대한 공포horro vacui다. 거세지는 성과압박은 회복에 도움이 되는 중단마저도 불가능하게 만든다. 그래서 많은 이들이 다름 아니라 휴가 중에 병에 걸린다. 그 병은 '여가 병leisure sickness'이라는 명칭까지 얻었다. 이 경우에 휴가는 노동의 괴롭고 공허한 형태다. 능동적이며 리추얼적인 휴식은 오늘날 괴로운 무위無爲에 밀려난다.

노동은 시작과 끝이 있다. 따라서 노동의 기간 다음에는 휴식의 기간이 온다. 반면에 성과는 시작도 없고 끝도 없다. 성과의 기간은 존재하지 않는다. 신자유주의적 명령으로서의 성과는 노동을 항구화한다. 뒤르켐이 지적하듯이, 리추얼적 사회에서 집단적 삶, 곧 축제는 때때로 과도한 형태에, 일종의 광란에 도달한다. 언제 그러냐 하면, 노동의 기간, 곧 흩어짐의 기간이 너무 길고 흩어짐이 극단적일 때 그러하다. 축제 다음에 축제가 온다. 오늘날에는 바로 노동이 광란의 형태를 띠고, 축제와 모임의 필요는 느껴지지 않는다. 그리하여 생산 강제는 공동체의 와해를 가져온다.

자본주의는 흔히 종교로 해석된다. 그러나 '종교 Religion'를 '렐리가레religare' 곧 '결합Bindung'으로 이해하면, 자본주의는 종교의 정반대다. 왜냐하면 자본주의는 모으고 공동체화하는 힘이 전혀 없기 때문이다. 당장 돈부터 개인화 및 개별화 작용을 한다. 돈은 나를 타인들과의 인간적 결합으로부터 해방함으로써 나의 개인적 자유를 확대한다. 이를테면 나는 돈을 지불함으로써 타인과 인간적 관련을 맺지 않으면서도 그가 나를 위해 노동하게 한다. 또한 종교에서는 관조적 휴식이 본질적이다. 그러나 관조적 휴식은 자본의 정반대다. 자본은 휴식하지 않는다. 자본은 본질상 끊임없이 노동하고 움직여야 한다. 인간이 관조적 휴식의 능력을 잃으면, 그만큼 인간은 자본과 유사해진다. 더 나아가, 신성한 것과 세속적인 것 사이의 구별은 종교에 본질적으로 귀속한다. 신성함은 공동체를 살리는 사물들과 가치들을 통합한다. 신성함의 본질적 특징은 공동체화다. 반면에 자본주의는 세속적인 것을 전체화함으로써 저 구별을 없앤다. 자본주의는 모든 것을 고만고만하게 만들고 따라서 같게 만든다. 자본주의는 **같은 것의 지옥**을 만들어낸다.

기독교는 현저히 서사적이다narrativ. 부활절, 오순절, 성탄절을 비롯한 축제일들은, 의미와 방향을 선사膳賜하는 전체 이야기 속의 서사적 절정들이다. 모든 각각의 날은 전체 이야기로부터 서사적 긴장과 의미심장함을 얻는다. 시간 자체가 서사적인 것이 된다. 즉, 의미심장해진다. 자본주의는 서사적이지 않다. 자본주의는 아무것도 이야기하지erzählen 않고 단지 계산하기만zählen 한다. 자본주의는 시간에서 모든 의미심장함을 앗아간다. 시간은 노동

시간으로 세속화된다. 그리하여 날들은 서로 같아진다.

아감벤은 자본주의와 종교를 같게 놓으면서 또한 순례자와 관광객을 같은 수준으로 취급한다. "사원 안의 신자들─혹은 사원들이나 성지들을 찾아다닌 순례자들은, 오늘날 낯선 박물관처럼 된 세계를 정처 없이 여행하는 관광객에 대응한다."[46] 그러나 실제로 순례자와 관광객은 전혀 다른 질서에 속해 있다. 관광객은 의미가 비워진 비非장소들Nicht-Orte을 돌아다니는 반면, 순례자는 사람들을 모으고 결합하는 **장소**들에 매여 있다. 모으기는 장소의 본질적 특징이다. "장소는 가장 완전하고 확실하게 자기에게로 모은다. 모으는 자가 모든 것에 침투하고 속속들이 깃든다. 장소, 곧 모으는 자는 맞아들이고, 맞아들여진 자를 보존한다. 그러나 폐쇄하는 캡슐처럼 그렇게 하는 것이 아니라, 모으는 자의 빛이 모인 것을 투과하고 속속들이 비추고 그럼으로써 비로소 그것을 그것의 본질을 향해 방출하는 방식으로, 모인 것을 보존한다."[47] 교회도 모임의 장소다. 유대교 회당을 뜻하는 독일어 'Synagoge'의 어원은 그리스어 '쉬나게인synagein'인데, 이 단어는 '쉼발레인symbállein'과 마찬가지로 '모으다'를 뜻한다. 유대교 회당은 사람들이 함께 종교적 의례를 거행하는 장소, 다시 말해 타인들과 더불어 신성함

에 주의를 집중하는 장소다. '결합religare'으로서의 종교
는 또한 '주의집중relegere'이기도 하다. 따라서 사원은 박
물관과 다르다. 박물관 관람자들이나 관광객들은 공동체
를 형성하지 않는다. 그들은 군중Masse 혹은 다중Menge
이다. 또한 장소는 관광명소로 세속화된다. **보았음**은 **주의
집중**의 소비 공식이다. '보았음'에는 심층적인 주의집중
이 없다. 관광명소는 모인 이들을 속속들이 비추고 모인
이들을 그들의 본질을 향해 방출하는 장소와 근본적으로
다르다. 관광명소는 공동체가 일으키는 저 상징적 심층
효과를 발휘하지 못한다. 사람들은 관광명소에 **들른다**. 관
광명소는 **거주**를, **체류**를 허용하지 않는다.

생산 및 성과의 강제가 심해지는 상황에서, 정치적 과제
하나는 삶을 다른 용도로 사용하는 것, 놀이처럼 사용하는
것이다. 삶이 외적인 목적에 종속되지 않고 삶 자신과 관
련 맺을 때, 삶은 놀이의 성격을 되찾는다. 되찾아야 할 것
은 관조적 휴식이다. 삶이 관조적 요소를 완전히 빼앗기
면, 사람은 행위에 빠져 질식한다. 안식일은 관조적 휴식
이, 고요가 종교에 필수적임을 일러준다. 이런 관점에서도
종교는 자본주의와 정확히 반대다. **자본주의는 고요를 사랑
하지 않는다.** 자본주의에게 고요란 생산이 0인 지점, 탈산
업적postindustriell 시대에는, 소통이 0인 지점일 터이다.

생사를 건 놀이

놀이의 영광은 주권Souveränität과 짝을 이룬다. 이때 주권
이란 다름 아니라 필연과 목적과 유용성으로부터 자유로
움을 의미한다. "유용성에 대한 근심보다 위에 있는"[48] 영
혼은 주권을 드러낸다. 그런데 다름 아니라 생산 강제가
삶꼴로서의 주권을 파괴한다. 주권은 새로운 **예속**에 밀려
난다. 그럼에도 그 예속은 자유로 자처한다. 신자유주의
적 성과주체는 주인 없이 자유의지로 자기를 착취한다는
점에서 **절대적 노예**다.

조르주 바타유는 놀이의 두 유형으로 강한 놀이와 약
한 놀이를 구분한다. 유용성이 지배적 원리가 된 사회에
서는 오직 약한 놀이만 인정된다. 약한 놀이는 생산의 논
리에 부합한다. 노동으로부터의 회복에 기여하기 때문이

다. 반면에 강한 놀이는 노동과 생산의 원리와 조화될 수 없다. 강한 놀이는 삶 자체를 건 놀이다. 강한 놀이에서 두드러지는 것은 주권이다.

바타유는 제임스 조지 프레이저가 《황금가지》에서 소개한 인도 퀼라카레Quilacare 지방의 리추얼을 언급한다. "그 축제에서 칼리쿠트Kalikut의 왕은 왕권과 목숨을 걸고 싸웠는데, 그 축제의 명칭은 '위대한 희생'이었다. 그 축제는 12년마다 거행되었고, […] 예식은 매우 화려하게 치러졌다. 장소는 오늘날의 철로에서 가까운 곳이다. 열차를 타고 거기를 지나면, 강 둔덕의 나무들에 거의 가려진 사원을 언뜻 볼 수 있다. 사원의 서쪽 문에서부터 먹줄처럼 곧은 길이 800미터 떨어진 뾰족하고 가파른 산봉우리까지 뻗어 있다. 그 길은 주변의 논보다 거의 높지 않으며 아름다운 가로수길의 그림자로 덮여 있다. 산봉우리를 보면, 발코니 서너 개의 윤곽이 지금도 눈에 띈다. 그 파란만장한 축제일에 왕은 가장 높은 테라스에 자리를 잡았다. 그 위에서 본 광경은 대단히 멋지다. 시선은 평평한 논과 그 사이로 구불거리며 잔잔히 흐르는 강을 훑다가 동쪽으로 뻗어 높은 고원에 도달한다. 그 고원의 아랫자락은 숲에 가려져 있지만, 먼 곳에는 바다로 길게 이어진 계곡이 보이고, 훨씬 더 멀리 있는 나일게리

Neilgherry(오늘날의 표기법은 닐기리Nilgiri — 옮긴이) 산맥 곧 '파란 산맥'은 그 위의 파란 하늘과 거의 분간되지 않는다. 하지만 이 운명의 시간에 왕의 시선은 이 먼 곳으로 향하지 않았다. 임박한 연극이 그의 주의를 사로잡았다. 그의 발밑까지 온 평야가 군인들로 가득 찼고, 깃발들이 햇빛 속에 유쾌하게 펄럭였으며, 무수한 흰색 막사들이 녹색과 황금색 논을 배경으로 선명하게 도드라졌다. 거기에 4만 명 이상의 전사들이 왕을 지키기 위해 모여 있었다. 평야는 군인들로 붐볐지만, 사원에서 왕이 서 있는 곳까지 이어진 길은 텅 비어 있었다. 어떤 영혼도 거기에서 꼼지락거리지 않았다. 길의 양옆은 울타리로 막혀 있었으며, 그 울타리에서 강한 군대가 든 긴 창들이 비어 있는 길 쪽으로 뻗어 있었다. 창날들이 중앙에서 만나 강철 아케이드를 이뤘다. 이제 모든 준비는 끝났다. 왕이 검劍으로 신호를 보냈다. 그와 동시에 크고 무거운 황금 사슬이 왕의 곁에 선 코끼리 위에 얹혔다. 이것이 신호였다. 곧바로 사람들은 800미터 떨어진 사원의 문에서 움직임을 포착할 수 있었다. 한 무리의 무장한 사람들이 꽃으로 치장하고 재를 뒤집어쓴 모습으로 군중에서 떨어져나왔다. 그들은 방금 지상에서의 마지막 식사를 했고 이제 친구들로부터 마지막 축복과 작별의 인사를 받는다. 곧이어 그들은 창들의 대열을 따라 나아가며 좌우의 군인들을 때리고 찌른다. 무기가 부딪치는 소음 속에서 그들은 마치 몸속에 뼈가 없는 것처럼 몸을 구부리고 뒤튼다. 하지만 다 부질없다. 그들은 차례로 쓰러진다. 몇몇은 왕 근처에서, 다른 몇몇은 훨씬 더 앞에서. 자신의 겁 없는 용기와 검술을 세상에 증명하기 위하여 그들은 죽을 각오가 되어 있다. 이어진 열흘의 축제에서 이와 똑같은 대단한 용기의 발휘, 똑같은 무용無用한 인명의 희생이 계속 새롭게 반복되었다."[49] 이 원시적 리추얼은 우리에게 당혹스럽다. 왜냐하면 이 의례는 탕진蕩盡과 놀이에 기초한 삶꼴을 구현하기 때문이다. 그 삶꼴은 노동과 생산이 지배하는 우리의 삶꼴과 정반대다. 그저 사는 것을 신성하다고 선언하는 사회의 관점에서 보면, 저 의례는 순전한 광기로, 잔혹극으로 보인다. 생산에 사로잡힌 사회는 강한 놀이에, 삶의 집약으로서의 죽음에 접근할 길이 없다. 저 원시적 사회에서는 생산보다 희생이 더 많이 이루어진다. '희생'에 해당하는 라틴어 '사크리피키움Sacrificium'은 '신성한 것을 산출하기'를 뜻한다. 신성함은 탈생산을 전제한다. 생산의 전체화는 삶을 탈신성화한다.

저 원시적인 전사들은 병사가 아니다. 단어를 따져보면, '병사Soldat'란 "급료를 받고 고용된 자der in Sold

Genommene"를 뜻한다. 병사는 노예다. 그래서 병사는 놀이꾼인 주권적 전사와 달리 죽음을 두려워한다. 병사는 대가로 급료를 받기 때문에 생명의 위험을 감수한다. 용병으로서의 병사는 급료 수령자, 노동자, 피고용자다. 그는 놀지 않는다. 그는 자신의 생명을 가지고 거래를 한다. 주권을 원리로 삼는 강한 놀이는, 유용성과 성과와 효율에 중점을 두면서 그저 사는 것, 생존, 건강한 연명을 절대적 가치로 선언하는 생산 사회와 어울리지 않는다. 강한 놀이는 노동과 생산의 경제를 거둔다aufheben. 죽음은 상실이나 실패가 아니라 더없는 생생함과 힘과 쾌락Lust의 표현이다.

생산 사회를 지배하는 것은 죽음에 대한 두려움이다. 자본은 죽음을 막는 보증처럼 기능한다. 자본은 축적된 시간으로 상상된다. 왜냐하면 돈으로 타인들에게 일을 시킬 수 있기 때문이다. 이는 돈으로 시간을 살 수 있음을 의미한다. 무한한 자본은 무한한 시간의 환상을 낳는다. 자본은 절대적 상실인 죽음에 반발한다. 자본은 한정된 삶의 시간을 말소해야 한다. 바타유는 축적 강박의 배후에 죽음에 대한 두려움이 있다고 짐작한다. "우리가 부유한 기업가에게, 시의 진실은 **강하며** 완전히 주권적인 반면에 두툼한 주식 뭉치의 **약한** 진실은 노동의 세계를 억누르는 두려움으로 이뤄졌다고―죽음에 대한 공포를 명령하는 저 보편적 굴종으로 이뤄졌다고 말하면, 그는 껄껄 웃거나 정중히 어깨를 으쓱함으로써 대응할 것이다."[50]

삶에서 죽음을 추방하는 것은 자본주의적 생산을 위해 필수적이며 본질적이다. 죽음은 '**제거-생산되어야**(보이지 않게 만들어져야)wegproduziert' 한다. 그러므로 생산 강제에 대항하는 해독제는 죽음과의 **상징적 교류**다. "죽음을 삶으로부터 분리하기야말로 경제적인 것의 작용이다.―남는 것은 잔여의 삶, 이제 조작적인 계산과 가치의 어휘로 독해할 수 있는 삶이다. […] 삶에 죽음을 돌려주기야말로 상징적인 것의 작용이다."[51] 원시적 사회들은 삶과 죽음의 선명한 분리를 모른다. 죽음은 삶의 한 측면이다. 삶은 오로지 죽음과의 상징적 교류 안에서만 가능하다. 성년식과 희생제의는 다양한 생사의 이행들을 관할하는 상징적 행위다. 성년식은 죽음에 이은, 삶의 한 단계의 종결에 이은 제2의 탄생이다. 삶과 죽음의 관계는 상호적이다. 탕진으로서의 축제는 죽음과의 상징적 교류를 함축한다. "**상징적** 죽음, 삶과 죽음의 **상상적** 분리에(이 분리가 죽음의 실재성의 기원인데) 종속되지 않은 죽음이 사회적 축제에서 교류에 참여한다."[52] 따라서 생산의 시대는 축제 없는 시대다. 그 시대를 지배하는 것은 끝없는 성장의 불가역성이다.

오늘날에는 주권을, 놀이를 향한 열정을 자기 삶의 본질적 특징으로 가진 인물이 거의 없다. 영화감독 베르너 슈뢰터Werner Schroeter는 강한 놀이꾼이었다. 그의 마지막 극영화 〈개의 밤La nuit de chien〉은 강한 놀이, 주권, 순수한 탕진을 보여준다. 그의 영화가 구성한 "유토피아적 형태들이 대체 무엇이냐"는 질문에 슈뢰터는 이렇게 대답한다. "죽음이에요. 죽음을 선택할 자유죠. 그 영화의 아름다움은 내가 그걸 한껏 고귀하게 구현한다는 점에 있어요.—나는 당시의 많은 독일인이 하듯이 그걸 케이크 부스러기처럼 빤히 보이게 식탁에 올려놓지 않아요. 그런 심리적 부스러기를 올려놓는다면 어쩌면 할머니가 또 한번 오르가슴을 느끼겠죠. 아니, 그건 다른 세계예요. 내 삶 전체가 유토피아예요. 왜냐하면 나는 늘 희망을 품고 사니까. 나는 긍정적으로 생각해요. 그래서 병에 걸렸는데도 이제껏 놀랍게 살아 있는 거예요. 난 엄청난 에너지로 9주 동안 포르투에서 촬영했어요. 매일 밤, 저녁 6시부터 이튿날 오전 6시까지. 체력 소모가 어마어마했죠. 난 나 자신을 치명적인 상황에 내맡겨요. 하지만 나 자신이나 타인들에게 굴복하지 않죠. 그래서 죽음에 대한 두려움도 극복할 수 있는 거예요. 그 두려움은 나의 세계의 구성요소가 아닙니다. 그 두려움이 언제 나를 떠났는지 난 전혀 몰라요."[53] 슈뢰터가 자신의 영화에서 개략적으로 보여주는 유토피아에서 죽음은 집약성, 집약적 삶꼴이다. 죽음은 순수한 탕진이요 주권의 표현이다.

미셸 푸코는 베르너 슈뢰터의 영화들에 감명했다. 그리하여 두 사람의 대화가 이루어졌다. 대화의 주제는 에로티시즘과 열정, 죽음과 자살이다. 슈뢰터는 죽음을 향할 자유를 무정부적인 느낌이라고 묘사한다. "난 죽음에 대한 두려움이 없습니다. 이런 말을 하는 것이 어쩌면 오만이겠지만, 그건 진실이에요. 태연히 죽음을 직시하는 것은 무정부적인 느낌이죠. 현재의 사회에서는 그 느낌이 위험이에요."[54] 주권, 죽음을 향할 자유는 노동과 생산을 지향하는 사회에서, 건강의 생명정치를 통하여 인적자본을 늘리려 애쓰는 사회에서 위협적으로 느껴진다. 저 유토피아는, 그저 사는 것과 연명을 신성하다고 선언하는 삶꼴과 철저히 결별한다는 의미에서 무정부상태다. 자살은 생산 사회에 대한 거부의 생각 가능한 형태들 가운데 가장 급진적이다. **자살은 생산 시스템에 도전한다.** 자살은 **죽음과의 상징적 교류**를, 자본주의적 생산에서 비롯된 죽음과 삶의 분리를 파기하는 그 교류를 옹호한다.

슈뢰터와의 대화에서 푸코는 이렇게 말한다. "얼마 전

부터 나도 자살을 다루는 것이 대단히 어려운 일이라는 점에 몰두하고 있어요. […] 더구나 자살은 사회에서 극단적으로 부정적인 것으로 취급되죠. 사람들은 자살이 나쁘다는 말만 하는 게 아니에요. 더 나아가, 누가 자살을 했다면 그의 처지가 아주 나빴던 것이 틀림없다는 말도 해요."[55] 슈뢰터는 주권적인 자살Freitod을 떠올려본다. 자살은 극도의 쾌락과, 어떤 집약성(강렬함)과 짝을 이룬다. "나는 몹시 의기소침한 사람이 자살할 힘을 낸다는 걸 이해할 수 없어요. 나라면 오직 은총Gnade의 상태에서만, 극도의 쾌락 상태에서만 자살할 수 있지, 우울 상태에서는 절대로 자살할 수 없을 거예요."[56] 저 극도의 쾌락은 하나의 집약성, 삶의 집약성이다. 우울한 자는 주권적인 자살을 행할 힘이 없다. 그의 자살은 삶의 긍정Lebensbejahung의 표현이 아니다. 오히려 그는 자살하도록 강제당한 것이다. 왜냐하면 삶이 공허하고 무의미하고 견딜 수 없게 되었기 때문이다. 왜냐하면 그가 지치고 소진되었기 때문이다. **왜냐하면 그가 더는 생산할 수 없기 때문, 더는 자기를 생산할 수 없기 때문이다.** 그의 자살은 삶의 부정Lebensverneinung에서 비롯된 것이다. 그것은 자살(자유 죽음)이 아니라 강제 죽음, 소진 죽음이다. 이 죽음은 오직 신자유주의적 생산 관계 안에서만 가능하다.

슈뢰터와 대화하면서 푸코는 자살을 문화적 저항 활동으로까지 추어올린다. "자살보다 더 아름다운 것은 없으며 따라서 자살보다 더 많이 주목하고 숙고해야 할 것은 없음을 사람들에게 다시 가르치는 문화투쟁을 나는 지지합니다. 사람은 평생 동안 자신의 자살에 공을 들여야 할 것 같아요."[57] 푸코는 자살을 자유의 행위로 간주한다. 자살은 삶을 거는 주권의 징표이며, 삶을 건다는 것은 다름 아니라 **삶을 놀이로 만든다는 것**을 의미한다.

푸코의 견해를 받아들이면, 삶의 솜씨Lebenskunst는 자살의 실천으로, **자기에게 죽음을 주기**로, **자기를 탈심리화하기**로, 요컨대 **놀이하기**로 정의된다. "삶의 솜씨란 심리를 죽이고 자기로부터 헤어나와, 또한 다른 개인들과 더불어, 어떤 이름도 없는 본질들, 관련들, 질들Qualitäten을 산출하기다. 이것을 해내지 못한다면, 삶은 살 가치가 없다."[58] 삶의 솜씨는 심리의 테러에 대항한다. 오늘날 우리는 우리의 심리 안에 갇혀 있다. 자아 안으로의, 심리 안으로의 나르시시즘적 후퇴는 놀이의 공간들을, **놀이-환상**을 파괴한다. 삶의 솜씨란 **자기를 벗어나 아직 이름 없는 삶꼴과 놀이꼴**Spielform을 찾아 나서기다.

오늘날 삶이란 그저 생산하기일 따름이다. 모든 것이 놀이의 영역에서 생산의 영역으로 옮겨 간다. 우리는 모두 노동자이며 더는 놀이꾼이 아니다. 놀이 자체도 여가 활동으로 약화된다. 오직 약한 놀이만 용인된다. 이제 놀이는 생산의 내부에 속한 기능적 요소다. 놀이의 신성한 진지함은 노동과 생산의 세속적인 진지함에 완전히 밀려났다. 건강과 최적화와 성과의 독재에 굴종하는 삶은 한낱 생존과 다를 바 없다. 그 삶은 어떤 찬란함도, 어떤 주권도, 어떤 집약성(강렬함)도 없다. 로마의 풍자 시인 유베날리스는 이를 다음과 같이 매우 적절하게 표현했다. "Et propter vitam vivendi perdere. 삶에 머물기 위하여 삶의 의미를 포기하기."[59]

역사의 종말

근대는 노동이 급속도로 중요한 의미를 획득한 시대다. 근대는 놀이를 점점 더 의심하게 된다. 이런 변화는 철학에서도 나타난다. 헤겔이 서술하는 주인과 노예의 변증법은 두 인물의 싸움에서 시작된다. 나중에 주인이 되는 한 인물은 승리하기로 결심했다. 그는 빛나고자 한다. 그는 승리의 명예와 영광을 위해 산다. 이를 위해서 그는 죽음의 위험을 감수한다. 그는 생명을 건다. 그는 최고의 판돈을 걸기를 꺼리지 않는 놀이꾼이다. 반면에 또 다른 인물은 죽음에 대한 두려움 때문에 싸움을 회피한다. 그는 이기려 하지 않고 생존하려 한다. 그는 승리의 영광보다, 주권보다 생존을 더 선호한다. 그래서 그는 죽음의 위험에 뛰어들지 않는다. 그는 주인에게 굴복하고 노예로서 주인을 위해 노동한다. 그는 노동과 생존을 옹호하고 생사를 건 놀이에 반대하기로 결정한다. 주인은 생명을 걸 각오가 되어 있으므로 자유로운 사람이다. 그는 강한 놀이꾼이다. 반면에 또 다른 인물은 노동자, 노예다.

헤겔은 주인이 아니라 노예를 편든다. 그는 영락없는 근대의 철학자다. 그는 노동을 으뜸으로 친다. 생각하기도 노동이다. 정신은 노동한다. 노동이 정신을 육성한다. 헤겔이 서술하는 주인과 노예의 변증법은 오로지 노동의 관점에서 인간의 실존을 고찰한다. 헤겔은 노동을 경멸하고 노예에게 일임하는 주인의 자유를 이해할 길이 없다.

헤겔의 뒤를 이어 카를 마르크스도 노동의 최고 지위를 고수한다. 역사는 노동에서 시작된다. "이 개인들은 최초의 역사적 행위를 통해 동물과 달라지는데, 그 행위는 그들이 생각한다는 것이 아니라 식량을 생산하기 시작한다는 것이다."[60] 인간은 노동하기 때문에 역사를 가진다. 마르크스는 노동을 헤겔의 《정신현상학》의 근본개념으로 격상한다. "요컨대 헤겔의 《정신현상학》과 그것의 최종결과—운동하고 산출하는 원리로서의, 부정성의 변증법—에서 위대한 점은, 헤겔이 […] **노동**의 본질을 파악하고, 객관적 인간, 곧 현실적이므로 참된 인간을 그 **자신의 노동**의 결과로 이해한다는 점이다. […] 헤겔은 근대적

국민경제의 출발점에 서 있다. 그는 **노동**을 인간의 **본질**로, 스스로 자기를 입증하는 본질로 파악한다."[61]

마르크스가 노동의 최고 지위를 고수하는 것과 관련해서, 그의 사위 폴 라파르그의 글 〈나태할 권리—1848년에 발표된 "노동할 권리"에 대한 반박〉은 특별히 중요한 의미를 가진다. 라파르그는 우선 고대 그리스의 자유민을 거론한다. "전성기의 그리스인도 노동을 오로지 경멸했다. 노동은 노예에게만 허락되었다. 자유민은 신체적 훈련과 정신의 놀이만 알았다. […] 고대의 철학자들은 노동에 대한 경멸을, 자유민의 격을 낮추는 그 활동에 대한 경멸을 가르쳤다. 시인들은 게으름을, 신들의 선물인 게으름을 찬미했다. 'O Meliboee, Deus nobis haec otia fecit(오, 멜리보이우스, 신이 우리에게 이 한가함을 주었어).'"[62] 라파르그는 "시민혁명의 형이상학적 옹호자들이 부화시킨" 인권들을 "나태권들Faulheitsrechte"로 대체할 것을 촉구한다. 나태의 나라는, 노동의 진지함이 전혀 없이, 아름다운 놀이에 열중한다. 라파르그의 반박문은 이런 문구로 마무리된다. "오, 나태여, 우리의 오랜 비참함을 불쌍히 여겨주오. 오, 나태여, 예술과 고귀한 덕의 어머니여, 너는 인간적인 두려움을 누그러뜨리는 위안이어라!"[63]

코제브도 주인과 노예의 변증법을 해석하면서 노동을

역사의 동력으로 추어올린다. "이 같은 노동을 통한 창조적 인간 교육Bildung이 역사를, 곧 인간적 **시간**을 만들어낸다. 노동은 [⋯] 시간**이다**."[64] 노동이 정신을 교육하고 역사를 진보시킨다. 노동자는 역사의 유일한 주체로 승격한다.

노동의 종말은 역사의 종말을 의미한다. '탈역사Posthistoire'에 대한 코제브의 최초 상상에 따르면, 탈역사는 "미국식 생활양식"이다. 그 생활양식은 "미래 인류 전체의 영원한 현재"를 미리 보여준다. 탈역사의 본질적 특징은 "인간이 동물성으로 회귀하는 것"이다. "인간적 시간 곧 역사의 종말, 바꿔 말해 진정한 의미의 인간 곧 자유롭고 역사적인 개인이 최종적으로 소멸하는 것은 실은 한마디로, 중요한 의미의 '행동Tun'이 모두 끝나는 것을 의미한다. 실질적으로 그것은 전쟁과 유혈 혁명의 소멸을 의미하며, 또한 **철학**의 소멸을 의미한다. 왜냐하면 인간이 자기를 본질적으로 변화시키는 일이 더는 없으면, 인간의 세계 인식과 자기 인식의 기반인 (참된) 원리들을 변화시킬 이유가 더는 없으니까 말이다. 반면에 다른 모든 것은 무한정 존속할 수 있다. 예술, 사랑, 놀이 등등, 한마디로 인간을 **행복하게** 만드는 모든 것은 무한정 존속할 수 있다."[65]

그러나 일본 여행 이후 코제브는 역사의 종말을 전혀 다르게 묘사한다. 역사의 종말이 이루어진 장소는 철저히 리추얼화된 일본이다. 그곳은 미국식 생활양식과 정면으로 반대된다. 일본에서 인간은 동물적인 삶이 아니라 리추얼적인 삶을 산다. 코제브가 보기에 일본은 **도래하는 리추얼의 제국**이다. "싸우면서 삶을 위태롭게 하는 대신에 그들[일본인]은 싸움을 예식적인 것 안에 거뒀다 aufgehoben. 누구나 '역사적 의미의 인간적 내용이 전혀 없는, 완전히 **형식화된** 가치들에 맞게 살' 수 있도록 말이다."[66] 역사 이후의 사회는 삶의 "가차 없는 연극화", 미적 형식화와 짝을 이룬다. 그 사회에 충만한 것은 진실 Wahrheit을 향한 의지가 아니라 외관Schein을 향한 의지, 놀이를 향한 의지라고, 니체라면 말할 것이다. 그 사회는 표면에서 공연하고 외관의 유혹에 몰두한다. "역사적 인간이 진실과 거짓을 이야기할 때, 니체는 단지 '외관의 단계들'만, […] 삶의 표면에서 색조들의 단계적 차이만 본다."[67] 일본은 **도래하는 리추얼 사회**를 보여준다. 진실 없이, 초월 없이 살아가는 사회, 철저히 미화된 사회, 아름다운 외관이 종교의 자리를 차지한 사회를 말이다.

기호의 제국

노동과 생산의 강제 아래 우리는 **놀이** 능력을 점점 더 잃어간다. 언어에서도 우리는 놀이하듯이 언어를 사용하는 경우가 드물다. 우리는 언어에게 오직 **노동**만 시킨다. 언어는 정보 전달이나 의미 생산을 임무로 짊어진다. 그리하여 우리는 독자적으로 빛나는 형태들에 접근할 수 없게 된다. 정보 매체로서의 언어는 광채가 없다. 그 언어는 유혹하지 않는다. 시詩도 독자적으로 빛나는 엄격한 형식적 구조물이다. 시는 흔히 아무것도 전달하지 않는다. 시의 본질적 특징은 **기표의 과잉, 그야말로 기표의 사치**다. 우리는 무엇보다도 시의 형식적 완결성을 즐긴다. 시에서 언어는 **놀이한다**. 이런 이유로 우리는 오늘날 시를 거의 읽지 않는다. 시는 **언어의 마술적 예식**이다. **시적 원리**는 의미 생산의 경제와 철저히 결별함으로써 언어에게 향유 Genuss를 되돌려준다. 시적인 것은 생산하지 않는다. 따라서 시는 "언어의, 언어 자신의 법칙들에 맞선 봉기"다. 그 법칙들은 의미 생산에 종사한다.[68] 시에서 사람들은 언어 자체를 향유한다. 반면에 노동하는 언어, 정보적 언어는 향유되지 않는다. 노동 원리는 향유 원리에 맞선다.

칸트는 재담才談, Witz을 "머리의 사치"로 칭했다. 재담에서 언어는 놀이에 몰두한다. 그래서 재담은 "꽃핀다". "자연이 꽃에서는 놀이를 더 많이 하는 것처럼 보이고 열매에서는 사업을 하는 것처럼 보이는 것과 마찬가지다."[69] 재담은 명확한 의미로 환원되는 진술이 아니다. 재담은 사치Luxus다. 바꿔 말해, 재담은 탈선한다luxieren. 의미 생산 "사업"에서 이탈한다. 재담은 언어로 된 형식적 구조물이다. 이 형식적 구조물에서 의미 곧 기의는 그리 중요하지 않다. 의미 생산이 언어의 영리함이 걸린 관건이라면, 재담에서 언어는 말하자면 자기를 멍청하게 만든다. "재담은 언어가 자신을 실제보다 더 멍청하게 만들 가능성, 언어 자신의 변증법과 의미 연쇄에서 벗어나 혼미한 인접의 과정으로 추락할 가능성을 보여준다. […] 재담은 언어가 비非의미Nicht-Sinn를 향해 있음을 명확히 드러낸다. ─ 단, 재담이 자신의 놀이에 몰두해 있다는 전

제하에서 말이다."[70] 재담에서 효과는 기의에서 나온다기
보다 기표에서 나온다. 그래서 재담은 다른 표현으로 재
현하기 어렵다. 혼미한 인접은 재담의 시적인 원리다. 기
표들은 기의에 아랑곳없이 방탕하게 이웃 관계를 맺는다.

기호 곧 기표가 의미 곧 기의에 완전히 흡수되면, 언어
는 모든 마법과 광채를 잃는다. 언어는 정보적이게 된다.
언어는 놀이하는 대신에 **노동한다**. 언어의 능숙함과 우아
함도 기표의 사치 덕분에 생겨난다. 기표의 과잉이, 넘쳐
흐름이 언어를 마술적으로, 시적으로, 유혹적으로 느껴지
게 한다. "이 같은 기표 과잉의 질서는 마술적이다(또한 시
적이다). […] 기표와 기의를 통합하는 이성의 따분한 **노동**
은 이 불길한 넘쳐흐름을 늦추고 재흡수한다. 세계에 대
한 마술적 유혹은 감축되고 심지어 제거되어야 한다. 이
를 위하여 모든 각각의 기표는 자신의 기의를 얻어야 하
고, 모든 것은 의미와 실재가 되어야 한다."[71] 신비로운
것은 기의가 아니라 기의 없는 기표다. 마법의 주문도 의
미를 전달하지 않는다. 그것은 말하자면 공허한 기호다.
그래서 마법의 주문은, 열면 허공이 나오는 문처럼 마술
적으로 느껴진다.

리추얼적 기호들에도 명확한 의미를 귀속시킬 수 없
다. 그래서 그 기호들은 신비롭게 느껴진다. 언어의 기능

화 및 정보화의 심화는 기표의 과잉, 기표의 넘쳐흐름을 침식한다. 그리하여 언어는 탈마법화된다. 순수한 정보에서는 마법이 나오지 않는다. 순수한 정보는 유혹하지 않는다. 언어는 오로지 기표의 넘쳐흐름 덕분에 화려함을 뽐내고 유혹하는 힘을 발휘한다. 정보의 문화는 공허한 기표에 기초한 마술을 상실한다. 오늘날 우리는 **기의의 문화** 속에서 산다. 오늘날의 기의는 형식을 외적인 것으로 간주하고 떨쳐낸다. 기의의 문화는 향유와 형식에 적대적이다.

기표의 넘쳐흐름은 리추얼의 특징이기도 하다. 이 때문에 롤랑 바르트는 철저히 리추얼화된 일본을 기호들의 제국으로, 기표들의 예식적인 제국으로 이상화한다. 일본의 짧은 시 하이쿠의 핵심 특징도 기표의 넘쳐흐름이다. 하이쿠는 기의를 거의 고려하지 않는다. 하이쿠는 아무것도 전달하지 않는다. 하이쿠는 언어를 가지고 하는 순수한 놀이, 기표를 가지고 하는 순수한 놀이다. 의미는 생산되지 않는다. 하이쿠는 언어의 예식이다. "하이쿠에서 언어의 제한은, 우리가 이해하기 어려운 목표다. 왜냐하면 관건은 간명한 표현(즉, 기의의 밀도를 낮추지 않으면서도 기표를 최대한 간결하게 하는 것)이 아니라 정반대로 의미의 뿌리에 영향을 미치는 것, 의미가 솟아오르지 못하는 경지

에 도달하는 것이기 때문이다. […] 하이쿠는 짧은 형식
으로 간추린 풍부한 생각이 아니라, 단박에 자기에게 적
절한 형식을 발견하는 짧은 사건이다."[72]

하이쿠는 엄격한 놀이 규칙의 지배를 받는다. 그래서
하이쿠를 다른 언어로 번역하는 것은 실은 불가능하다.
일본어에 고유한 형식들은 모든 번역에 반항한다.

오래된 연못.
개구리 뛰어드는
물소리. (바쇼)

일반적으로 리추얼의 본질적 특징이라고 할 수 있는
집약적 형식주의와 유미주의Ästhetizismus는 일본에서 포
장과 같은 일상의 반복적 관행도 지배한다. 일본인들은
온갖 사소한 것까지 화려한 싸개로 포장한다. 롤랑 바르
트가 보기에 일본식 꾸러미의 특징은 "내용물의 사소함
이 포장의 사치스러움과 전혀 무관하다는 점"이다.[73] 기
호학적으로 말하면 이러하다. 기표(싸개)는 기표가 나타
내는 바, 곧 기의(내용물)보다 더 중요하다. 화려한 기표는
어쩌면 사소할 수도 있는 기의를 나중으로 미룬다. 기표
가 일단 독자적으로, 자신이 보유한 진실 혹은 실사實事,

Sache에 대하여 독립적으로 빛난다. "일본인들이 곳곳에서 열심히 운반하는 것은 결국 공허한 기호일 뿐이다."**74** **공허의 예식은 자본주의적 상품 경제를 끝장낸다.** 일본식 꾸러미는 아무것도 드러내지 않는다. 그 꾸러미는 시선을 실사가 아닌 다른 곳으로 돌리고 우선 화려한 싸개를 보여준다. 그렇게 일본식 꾸러미는 **상품**에 반대된다. 상품에게 포장은 철저히 외래적이다. 상품의 포장은 신속하게 다시 벗겨지기 위해서만 존재한다. 기모노도 기표의 과잉으로, 색들과 형태들의 놀이로 몸을 감싼다. 기표들의 보유자로서의 몸은 포르노적인 몸과 반대된다. 포르노적인 몸은 어떤 싸개도 없으며, 따라서 외설적이다. 기표가 없는 포르노적 몸은 오로지 벌거벗은 기의만, 벌거벗은 진실만, 요컨대 성기Geschlecht만 보여준다.

일본식 다도茶道에서 사람들은 리추얼화된 몸짓들의 연쇄를 꼼꼼히 준수한다. 심리가 들어설 자리는 없다. 사람들은 제대로 탈심리화된다. 그리하여 성공적인 손동작과 몸동작은 **도식적 명확성**을 띤다. 어떤 심리도, 어떤 영혼도 그 명확성을 흔들지 못한다. 행위자는 **자기를** 리추얼적 몸짓들 속으로 침몰시킨다. 그 몸짓들은 **부재**不在를, **자기망각**을 산출한다. 다도에서 소통은 일어나지 않는다. 아무것도 전달되지 않는다. 리추얼적 침묵이 상황을 지배한다. 소통은 리추얼적 몸짓들을 위해 물러난다. **영혼은 침묵한다.** 고요 속에서 몸짓들이 교환되면서 강렬한 함께-있음Mitsein을 발생시킨다. 다도의 긍정적 효과는, 다도의 리추얼적 침묵이 오늘날의 소통 소음에, 공동체 없는 소통에 극단적으로 대립한다는 것에 있다. 다도는 소통 없는 공동체를 만들어낸다.

바르트가 보기에 일본인의 눈은 영혼의 장소가 아니다. 그 눈은 공허하다. 그 눈은 영혼에 관한 서양의 신화를 불신한다. "서양인의 눈은─은폐된 중심인─영혼에 관한 온갖 신화에 짓눌려 있다. 영혼의 불이 눈구멍의 보호 공간에서 감각적이며 격정적인 외면으로 뿜어져 나온다고 상상된다."[75] 일본인의 눈은 납작하고 깊이가 없다. 눈동자가 깊은 눈구멍을 통해 극화劇化되지 않는다. 헤겔도 서양식 영혼 신화를 추종한다. 헤겔에 따르면, 눈을 둘러싼 뼈들은 높게 솟아 있어야 한다. 그래야 "짙은 그늘이 눈구멍에 드리워 깊이와 집중된 내면성을 느끼게 해준다." 깊은 영혼은 "눈 주위 뼈들의 예리한 모서리에 의해" 강조된다. 따라서 눈은 "말하자면 밖으로 내던져지듯이" "튀어나오지" 말아야 한다.[76] 만약에 헤겔이 동아시아인의 **납작한** 눈, 뼈들 속에 깊이 박혀 있다기보다 오히려 얼굴에 붓질한 자국처럼 표면적인 그 눈을 숙고했다면

과연 무슨 말을 했을까?

기호의 제국은 또한 **도덕적 기의** 없이 작동한다. **법칙**
Gesetz이 아니라 **규칙들**Regeln이, 기의 없는 기표들이 그
제국을 지배한다. 리추얼 사회는 규칙 사회다. 그 사회를
지탱하는 것은 덕이나 양심이 아니라 **규칙을 향한 열정**이
다. 도덕 법칙과 반대로 규칙들은 **내면화되지** 않는다. 규
칙들은 단지 **준수될** 뿐이다. 도덕은 자신의 완성을 위해
노동하는 영혼을, 개인을 전제한다. 자신의 도덕적인 길에
서 더 많이 전진할수록, 개인은 더 많은 자존감을 노동의
성과로 획득한다. **공손함의 윤리**Ethik der Höflichkeit에는 이
런 나르시시즘적 내면성이 전혀 없다.

규칙은 합의에 기초를 둔다. 규칙은 임의의 기호들의
내재적 연결을 통해 형성된다. 따라서 규칙은 깊은 진실
도, 초월도 없다. 규칙은 형이상학적이거나 신학적인 기
반을 보유하지 않았다. 반면에 법칙은 강제하거나 금지
를 선언하는 신과 같은 초월적 심급을 전제한다. 규칙 준
수에서 유래하는 쾌락은 법칙을 따르거나 위반할 때의
쾌락과 다르다. 전자는 놀이와 규칙을 향한 열정 덕분에
발생한다. "이것은 의심의 여지가 없는데, 리추얼적 형식
의 집약성을 이해할 수 있으려면, 모든 쾌락은 소망의 충
족에서 나온다는 생각을 떨쳐내야 한다. 놀이는, 놀이의

영역은 정반대로 규칙을 향한 열정, 규칙에의 도취, 소망이 아니라 예식에서 나오는 권력Macht을 우리에게 보여준다."[77] **자본주의는 소망의 경제에 기초를 둔다.** 따라서 자본주의는 리추얼 사회와 어울리지 않는다. 리추얼적 형식의 집약성은 규칙을 향한 열정 덕분에 발생하며, 그 열정은 전혀 다른 형태의 쾌락을 일으킨다.

공손함은 순수한 형식이다. 공손함은 아무것도 **의도하지** 않는다. 공손함은 공허하다. 리추얼적 형식으로서의 공손함은 어떤 도덕적 내용도 품고 있지 않다. 이 공손함은 기호 곧 기표다. 이 기표는 도덕 법칙의 기표일 법한 '마음의 공손함Höflichkeit des Herzens'과 근본적으로 다르다. "오늘날 우리는 도덕 법칙을 기호들보다 더 상위에 둔다. 관례적 형식을 띤 놀이는 가식적이고 비도덕적이라고 여겨진다. 우리는 그런 놀이에 '마음의 공손함'을 맞세우고, 심지어 급진적 욕망의 불공손함을 맞세운다. […] 오늘날의 공손함이(또한 무릇 예식이) 과거의 공손함과 다르다는 것은 옳다."[78] 리추얼적 형식으로서의 공손함은 마음이 없으며 또한 욕망도, 소망도 없다. 그 공손함은 도덕이라기보다 **예술**에 가깝다. 순수한 리추얼적 몸짓 교환이 그 공손함의 전부다. 일본식의, 리추얼적 형식으로서의 공손함은 위상학적으로 내면, 곧 마음이 없다. 만약에 마음이 있다면, 그 마음은 그 공손함을 순전히 외적인 에티켓으로 격하할 테지만 말이다. 내면과 외면의 대립으로는 그 공손함을 서술할 수 없다. 그 공손함은, 한낱 외관으로서, 내면에 맞선 외면에 거주하지 않는다. 오히려 그 공손함에서 사람은 **온전히 형식, 온전히 외면**이다. "선물을 건네기 위하여 나는 무릎을 꿇고 이마가 바닥에 닿을 정도로 허리를 굽힌다. 나의 상대도 답례로 똑같은 행동을 한다. 단 하나의 단조롭게 이어지는 선이 주는 자와 받는 자, 그리고 이 에티켓에 삽입된 상자를 연결한다. 어쩌면 그 상자는 아무것도 아니거나 고작 사소한 것을 담고 있을 것이다."[79] 교환 행위에 "도식적 형식"이 부과되고, "그 형식이 그 행위로부터 모든 탐욕적인 것을 추방한다." 선물은 "사라지는 두 사람 사이에서 떠돌 듯이" 남는다. 기의 없는 기표로서의 선물은 **순수한 매개**Vermittlung, **순수한 증여**Gabe다.

"선물이 홀로 놓여 있다.
아무것도 그것을 건드리지 않는다.
후함도 건드리지 않고
감사함도 건드리지 않는다.
영혼은 그것을 오염시키지 않는다."[80]

기호의 제국에서 영혼은, 심리는 근절된다. 어떤 영혼도 리추얼적 놀이의 신성한 진지함을 침해하지 않는다. 심리가 밀려나고 **규칙을 향한 열정, 형식을 향한 열정**이 그 자리를 차지한다. 기호의 제국은 오늘날 발가벗고 자기를 항구적으로 생산하는 **영혼의 제국**에 맞선다. 예식적인 기호의 나라는 나르시시즘이 없는 다른 삶꼴을, 다른 사회를 생각할 수 있게 해준다. 왜냐하면 기호의 나라에서 자아는 리추얼적인 기호의 놀이 속으로 **자기를** 침몰시키니까 말이다. 리추얼을 향한 열정은 자아를 탈내면화한다.

오늘날에는 끊임없이 떳떳하게 도덕화가 이루어진다. 그러나 그와 동시에 사회는 난폭해진다. 공손함이 사라진다. 진정성 숭배는 공손함을 경멸한다. 아름다운 교제 형식들은 점점 더 드물어진다. 이런 면에서도 우리는 형식에 적대적이다. 도덕은 사회의 야만화를 배제하지 않는 것으로 보인다. 도덕은 형식이 없다. 도덕적 내면성은 형식 없이 작동한다. 심지어 이렇게 말할 수도 있을 것이다. **사회는 도덕화 경향이 강할수록 더 불손하다.** 이런 형식 없는 도덕에 맞서 **아름다운 형식의 윤리**를 방어해야 한다.

결투에서 드론 전쟁으로

호이징가는 《호모 루덴스》에서 원시적 문화들에서의 전쟁이 놀이의 성격을 띤다는 점을 강조한다. 그 전쟁에 관한 엄격한 규칙들만 봐도, 그것이 놀이와 유사함을 알게된다. 호이징가는 원시적 사회들에서도 과도한 폭력과 잔인한 살인이 있었음을 물론 부인하지 않지만, 그 사회들에서의 전쟁을 신성한 놀이의 영역에 집어넣는다. "싸움의 규칙들이 명시된 엄숙한 협정문이 아르테미스 신전에서 작성되었다. 대결의 시간과 장소가 그 협정문에 기록되었다. 모든 원거리 무기, 곧 투창, 활, 투석기는 금지되어야 했고, 오직 칼과 창으로만 승부를 내야 했다."[81] 특정 무기의 금지뿐 아니라 싸움 시간 및 장소에 대한 합의도 원시적 전쟁이 지닌 놀이의 성격을 뚜렷이 보여준다. 싸움터는 나무 무대처럼 말뚝이나 개암나무 가지로 경계가 표시되었다. 바닥은 평평하게 다져서 전쟁하는 양편이 정면으로 맞붙을 수 있게 했다.

전쟁의 리추얼화가 "윤리의 수준"을 대폭 향상했다고 호이징가는 말한다.[82] 적으로 맞선 양편이 공손한 행동을 교환하는 것은 리추얼적 맞대결Zweikampf의 특징인데, 이 특징은 상대를 동등한 권리를 지닌 맞수로 인정하는 것을 전제한다. 전쟁하는 양편은 상대에게 온갖 방식으로 넘치도록 경의를 표한다. 그들은 무기를 선물로 교환한다. 일반적으로 그 리추얼에는 강한 형식의 힘이 깃들어 있다. 리추얼적 맞대결로서의 전쟁은 엄격한 놀이 규칙들로 이루어진 형식을 마치 복장처럼 폭력에 입힘으로써 폭력을 제어한다. 폭력은 놀이를 향한 열정에 밀려난다.

결투도 리추얼적 맞대결이다. 결투의 기원은 원시적 문화들에서의 사법司法적 맞대결로 거슬러 올라간다. 결투에는 신성한 차원이 깃들어 있다. 승부는 신의 판결과 유사하다. 결투에서는 '디케Dike(정의)'와 '튀케tyche(숙명, 우연, 신의 섭리)'가 융합한다. 근대의 사법적 맞대결 형식으로서의 결투도 재판권을 보유했다. 결투에 앞서 이른바 '명예 법정'이 소집된다. 절차는 민사재판과 그리 다르지 않다. 리추얼적 맞대결로서의 결투는 엄격한 규칙들에 의해 지배된다. 결투하는 양편의 더없이 정확한 대칭이 중시된다. 결투는 리추얼적 놀이 형식을 띤다. "결투가 벌어지는 장소는 일종의 놀이터다. 무기들은 똑같아야 한다. 신호에 따라 싸움을 시작하고 종결해야 한다. 사격이나 격돌의 횟수는 미리 정해진다."[83] 결투 요청을 거부하는 사람은 몰염치하다고 간주되고 자신의 지위에서 쫓겨난다. 이 리추얼적 맞대결에서 관건은 상대를 제거하는 것이 아니라 명예를 지키는 것이다. 결투 참가자들은 싸움에 나서고 목숨을 겂으로써 자신의 명예로움을, "사나이의 명예"를 증명한다. 결과와 상관없이, 결투는 명예를 회복시킨다. 결투가 끝나면 양편 모두 사회에서 명예로운 사람으로 평가받는다.

군사적 명예에 관한 유럽인의 관념에 지대한 영향을 미친, 기사들의 명예관觀에 따르면, 위험에 뛰어들지 않으면서 적을 공격하는 것은 명예롭지 않다. 오직 싸움터에서 적을 공격하는 것만 명예롭다. 반면에 이를테면 독을 써서 적을 음흉하게 죽이는 것은 명예롭지 않다. 대칭과 상호성이 엄격히 중시된다. 리추얼적 맞대결로서의 전쟁의 공정함을 위해 무엇보다도 중요한 것은 무기의 대칭성이다. 상대가 칼만 가지고 있을 경우, 석궁의 사용은 비난받아 마땅하다. 전쟁의 역사를 보면, 살인 무기를 제한하려는 시도들이 계속 있었다. 그 노력들은, 카를 슈미트의 용어를 빌리면, 전쟁을 '울타리 안에 가두기 Einhegung'에 기여했다.

《전쟁론》의 저자 클라우제비츠는 전쟁을 리추얼적 맞대결로 정의한다. "여기에서 우리는 전쟁에 대한 어색한 통상적 정의를 앞세우지 않고 전쟁의 요소인 맞대결에 집중하고자 한다. 전쟁은 다름 아니라 확장된 맞대결이다."[84] 전쟁은 질서가 잡혀 있고 규칙에 따르는 맞대결이다. 클라우제비츠의 유명한 표현에 따르면, 전쟁은 "다른 수단으로 하는 정치"다.[85] 이 표현에서 강조되는 것은 통념처럼 "다른 수단" 곧 폭력이 아니라 정치다. 전쟁은 여전히 정치이기 때문에, 전쟁 후에 비폭력적 수단으로 하는 정치로 복귀하는 것이 가능하다. 양편이 모두 지켜야 하는 놀이 규칙들은 전쟁 후에 정치가 들어설 여지를 충분히 확보한다. 반면에 규칙 없는 살해, 순전한 폭력은 정치의 여지를 없앤다. 확장된 맞대결로서의 전쟁은 오늘날 가차 없는 살해로 점점 더 변질해가는 전쟁 행위와 근본적으로 다르다.

근대적 전쟁은 놀이의 성격이 전혀 없다. **생산 강제가 놀이를 파괴한다**는 기본 공식은 근대적 전쟁에도 적용된다. 근대전은 **생산학살**Produktionsschlacht이다. 그 전쟁은 주권

적인 놀이꾼들이 아니라 노동자-노예로서의 병사들에
의해 수행된다. "따라서 내가 언급한 바 있는 근대적 전
쟁의 무기력함이 발생한다. 즉, 병적으로 증가했으며 끝
없이 축적될 수는 없는 과잉의 부富가, 죽음을 두려워하
고 놀이할 능력이 없는(가련한 방식으로라면 할 수 있을지도 모
르겠지만) 노예들에 의해 탕진된다."[86] 발터 벤야민도 근대
적 전쟁의 원인을 파괴적인 생산 논리에서 찾는다. "생산
력의 자연적 활용이 소유 규칙을 통해 억제되면, 비자연
적 생산력 활용을 추구하는 기술적 보조 수단들과 속도
와 힘의 원천들의 압력이 상승한다. 그 압력은 비자연적
생산력 활용 방법을 전쟁에서 발견한다. [⋯] 제국주의적
전쟁의 가장 참혹한 특징들은 한편으로 엄청난 생산수
단과 다른 한편으로 그 수단이 생산과정에서 불충분하게
활용되는 것 사이의 간극을 통해(바꿔 말하면, 실업失業과 판매
시장의 부족을 통해) 규정된다."[87]

"미디어는 메시지다"라는 마셜 매클루언의 논제는 미
디어(매체)로서의 무기에도 적용된다. 미디어는 한낱 메시
지의 운반자가 아니다. 오히려 미디어 자체가 메시지를
만들어낸다. 미디어는 다양한 내용을 운반하는 중립적
컨테이너가 아니다. 오히려 새로운 미디어는 특수한 내
용을, 예컨대 새로운 지각을 만들어낸다. 따라서 전혀 다

른 살상매체의 도입은 순수한 기술적 문제가 아니다. 오히려 그 도입은 전쟁 자체의 성격을 변화시킨다. 이 때문에 카를 슈미트는 전투기 앞에서 깊은 고민에 빠진다. 전투기의 도입은 맞대결로서의 전쟁을 불가능하게 만들기 때문이다.

전쟁하는 양편이 전선에서 마주한 상황은 양편의 법적 동등성, 더 나아가 도덕적 동등성을 반영한다. 상대는 적(합법적인 적iustus hostis)으로서 명시적으로 인정받는다. 그러나 전투기의 도입은 양편의 대면을 허용하지 않는다. 위상학적 의미의 우위, 곧 '상대 위에 있음'은 적에 대한 다른 정신적 태도를 발생시킨다. 살상매체의 비대칭은 그 매체의 소유자가 상대를 전혀 다르게 평가하도록 유혹한다. 그 비대칭은 상대를 범죄자로 격하한다. "우위에 있는 자는 자신의 무기의 우월성을 자신의 '합법적인 대의iusta causa'의 증명으로 간주하고 적을 범죄자로 선언한다. 왜냐하면 '합법적인 적'의 개념을 더는 실현할 수 없기 때문이다."[88] 요컨대 매체는 메시지다. 기술적 우위가 도덕적 우위로 바뀐다. 기술과 윤리가 서로를 규정한다.

전쟁에서 맞서야 하는 적은 어떤 수단을 써서라도 없애야 할 범죄자가 아니다. 오히려 그 적은 동등하게 정당한 상대, '맞놀이꾼Gegenspieler'이다. 그렇게 적에게 동일한 권리가 승인된다. 드론 전쟁은 비대칭을 극단화한다. 상대를 격하하고 범죄자화하는 것은 경찰의 활동을 닮은 표적 살해의 전제다. 드론 전쟁은 리추얼적 맞대결로서의 전쟁에 본질적인 상호성을, 양자 관계를 완전히 없앤다. 공격자는 전혀 보이지 않는다. 그리고 화면은 전쟁 상대가 아니다.

마우스 클릭을 통한 살해는 범죄자 사냥이다. 그것은 야생동물 사냥보다 더 야만적이다. 본래 사냥은 가차 없는 살해와 전혀 다르다. 사냥은 엄격한 놀이 규칙을 따른다. 사냥 전과 도중과 후에 리추얼들이 거행된다. 사냥꾼과 동물 사이에 상호성이, 대칭성이 유지된다. 오직 사냥꾼과 동물이 대면한 상태에서만 동물을 죽여도 된다. 살해에 앞서 무엇보다도 "말 걸기ansprechen"가 이루어져야 한다. 잠든 동물은 절대로 죽이면 안 된다. 그래서 동물을 깨울 것이 권고된다. 더 나아가 오직 특정 부위들만 다치게 해도 된다. 예컨대 동물의 눈을 다치게 하는 것은 금물이다. 따라서 동물은 마지막 순간까지 **시각**을 보존한다.

드론 전쟁의 철저한 비대칭성은 전쟁의 개념 자체를 시대에 뒤떨어진 것으로 만든다. 일찍이 카를 슈미트는 공중전을 보면서 "강제 처분"을 거론했다. "어느 정도의 가망, 최소한의 승리 가능성은 양편의 전쟁에 필수적이다. 그것이 없으면, 상대는 강제 처분의 대상일 뿐이다."[89] 리추얼적 맞대결로서의 전쟁은 강제 처분과 전혀 다르다. 그 전쟁은 놀이다. 그 전쟁의 핵심 특징은 상호성이다. 강제 처분으로서의, 범죄자 사냥으로서의 드론 전쟁은 놀이의 성격과 완전히 결별한다. 드론 전쟁에서 죽음은 **기계적으로 생산된다**. 드론 조종사들은 교대로 **노동한다**. 그들에게 살해는 무엇보다도 **노동**이다. 근무 뒤에는 그들에게 "득점표"가 엄숙하게 교부된다. 그 서류는 그들이 얼마나 많은 사람을 죽였는지 증명한다. 다른 모든 노동에서와 마찬가지로 사람을 죽일 때에도 가장 중요한 것은 **성과**다. 알고리즘이 기계적 죽음 **생산**을 뒷받침한다. 데이터가 주도하는 작업으로서의 살해는 그 자체로 포르노적인 면모, 외설적인 면모를 지녔다. 상대는 데이터로 해체된다. 전직 미국 중앙정보국장은 이렇게 말한다. "우리는 메타데이터에 기초해서 사람들을 죽인다." 없애야 할 범죄자로서의 상대는 단지 데이터 집합일 따름이다. 드론 전쟁은 살인의 데이터주의Dataismus다. 어떤 싸움도 없이, 어떤 드라마도 없이, 어떤 운명도 없이 살인이 일어난다. 데이터 흐름의 무자비한 빛 속에서 기계적으로 살인이 이루어진다. **살인의 데이터주의적 투명성**이 추구된다. 오늘날에는 모든 것이 **생산** 모드로 전환되어 있다. 죽음을 생산하는 전쟁은 리추얼적 맞대결로서의 전쟁의 정반대다. 생산과 리추얼은 서로를 배제한다. 드론 전쟁은 모든 것이 노동과 생산과 성과의 문제로 된 사회를 모사한 그림이다.

신화에서 데이터주의로

원시적 문화에서는 전쟁뿐 아니라 지식 전달도 놀이의 형식을 띤다. 신성한 수수께끼 대결은 희생제의Opferkult의 본질적인 부분이다. 그 대결은 희생 자체에 못지않게 중요하다. 그 대결은 신화를 공동체의 지식 기반으로서 살려내고 공고히 다진다. 호이징가는 리추얼적 수수께끼 놀이가 철학의 시초라고 추측한다. "초기 철학자들은 열정적으로 예언하는 어투로 말한다. 그들의 무조건적 자기확신은 희생제의를 집전하는 사제나 밀교에 입문한 자의 자기확신이다. 그들이 탐구한 문제들은 사물들의 근본이유Urgrund를, 시초(아르케arche)와 되어감(퓌시스physis)을 다룬다. 우주의 발생에 관한 그 태고의 문제들은 까마득한 과거부터 수수께끼의 형식으로 제기되고 신화의 형식으로 해결된다."[90]

그리스인들 사이에서 철학은 애당초 대결의 성격을 띤다. 철학은 놀이이자 경기다. "지혜를 추구하는 자는 가장 먼 과거부터 후기 소피스트와 연설가까지 전형적인 싸움꾼으로서 등장한다. 그는 경쟁자들에게 도전하여 격렬한 비판으로 그들을 공격하고, 고대인의 청소년스러운 자기 확신을 모두 동원하여 자신의 견해를 진리로서 찬미한다. 초기의 파편적인 철학 문헌들은 문체와 형식이 논쟁적이고 대결적이다. 그것들은 늘 일인칭으로 서술된다. 엘레아의 제논은 맞수들과 대결할 때 '아포리아aporia'를 이용한다. 즉, 겉보기에 그는 맞수들의 전제를 출발점으로 삼아서 그로부터 서로 모순되고 배제하는 두 개의 귀결을 도출한다. 그 형식은 제논의 논의가 수수께끼 놀이의 영역에 속해 있음을 여전히 명시적으로 드러낸다. 제논은 이렇게 물었다. '공간이 무언가라면, 그 무언가는 어디에 있게 될까?' 헤라클레이토스가 보기에 자연과 삶은 '몽매한 자들'에게 그리포스griphos, 곧 수수께끼다. 헤라클레이토스 자신은 수수께끼를 푸는 자다."[91] 소피스트들은 싸움의 기술을, 총명함을 겨루는 놀이를 실천으로 보여준다. 그 놀이에서 관건은 상대를 올가미에 걸리게 하는 것이다. 그리스어로 '프로블레마타problemata' 곧 문제는 본래 상대에게 풀어보라고 제시하는 질문을 뜻한다. 여기에서 "풀다lösen"는 말뜻 그대로 이해되어야 한다. 즉, 이 단어는 올가미에 속박된 상태에서 풀려나는 것을 뜻한다. 철학의 대결적 성격은 근본적으로 맞선 것들의 영원한 싸움으로 간주된 세계과정Weltprozess을 모방한다. 헤라클레이토스에게 전쟁은 만물의 아버지다. 엠페도클레스에 따르면, 세계의 운행을 결정하는 두 가지 근본 원리는 애정philia과 다툼neikos이다.

플라톤의 대화편들도 놀이의 요소들을 드러낸다. 〈향연〉의 구조는 리추얼적 경기와 유사하다. 대화 참가자들은 경쟁하면서 에로스 신을 찬양하는 연설을 한다. 플라톤은 심판에 대해서도 언급한다. "아가톤이 이렇게 말했네. '당신은 조롱꾼이시군요, 소크라테스. 하지만 지혜에 관한 것은 잠시 후에 저와 둘이서 판가름하기로 하시지요. 심판은 디오뉘소스가 보게 하고요. 아무튼 지금은 우선 음식에 열중하십시오.' 곧이어 소크라테스가 눌러앉아서 음식을 먹고 다른 사람들도 그렇게 한 다음에, 그들은 신에게 술을 바치고 찬양의 노래를 부르고 그 밖의 관례를 행했으며 술을 마시기 시작했다고 그는 말했네."⁹²

대화편 〈고르기아스〉에서 소크라테스와 칼리클레스는 결투하는 맞수들처럼 행동한다. 그 대화편은 대화라기보다 결투이며, 토론이라기보다 대결이다. 그 작품은 리추얼적 맞대결을 닮았다. 또한 드라마의 특징들을 지녔다. 권력과 정당성에 관한 공약불가능한 두 입장을 중재하는 것은 불가능하다. 오직 이기느냐, 지느냐가 있을 뿐이다. 그 대화편의 대결적 성격은 확연히 눈에 띈다. "그 대화편을 읽는 사람은, 한쪽이 다른 쪽을 설득하는 일이 아니라 한쪽이 승자가 되고 다른 쪽이 패자가 되는 일이 일어나리라는 것을 이해한다. 이를 감안하면, 이 대화편에서 소크라테스의 방법들이 칼리클레스의 방법들보다 더 예의 바를 것이 거의 없는 이유를 이해할 수 있다. 여기에서는 목적이 수단을 신성하게 한다. 관건은 이기는 것이다. 특히 그 장면에 목격자로 함께 참여하는 젊은이들 앞에서 이기는 것이다."[93] 플라톤의 대화편은 연극적 특징들을 나타낸다. "연극의 즐거움"이[94] 그 놀이 과정을 좌우한다.

플라톤의 대화편들은 놀이의 요소들을 확연히 지녔지만, 플라톤은 신화에서 진리로의 이행을 개시한다. 진리를 내세우면서 그는 소피스트들이 몰두하는 놀이로부터 거리를 둔다. 플라톤의 소크라테스는 소피스트들에게 진지함이 없다고 비난한다. "앎을 다룰 때 그런 것은 재담에 불과하네. 그래서 나는 그들이 자네를 가지고 놀이를 한다고 말하는 것이네. 왜 놀이라고 하느냐면, 누군가가 그런 것을 많이 혹은 전부 배웠다 하더라도, 그는 대상들 자체에 대해서는 아무것도 더 잘 알게 되지 못할 것이기 때문이네. 그는 대상들이 어떻게 행동하는지는 더 잘 알게 되지 못하고, 타인들과 놀이하는 솜씨만 능숙해질 것이네. 그는 단어들의 다의성을 통해 타인들을 딴지 걸어 넘어뜨릴 수 있을 것이야. 마치 누가 의자에 앉으려 할 때 의자를 치워서 그를 엉덩방아 찧게 만들고 그 모습을 보며 기뻐서 깔깔거리는 사람처럼 말이네."[95] 소피스트들은 단지 놀이에 종사하는 유랑 연예인으로 취급된다. 이제 놀이는 진리에 열중하는 노동에 밀려나야 한다.

인간 행위들의 놀이 성격을 원시적 문화들에서 찾아내고 강조한 것은 아마도 호이징가의 공로일 것이다. 그러나 그는 놀이를 절대화하느라 서양의 지식 전달 방식이 겪은 결정적 패러다임 전환, 곧 신화에서 진리로의 이행을 제대로 알아보지 못한다. 그 이행은 놀이에서 노동으로의 이행과 겹친다. 사유는 노동을 향해 나아가면서 자신의 기원인 놀이로부터 점점 더 멀어진다.

놀이에 대한 불신은 계몽시대에 첨예화된다. 칸트는 놀이를 노동에 종속시킨다. 노동의 최고 지위는 칸트의 미학에서도 결정적이다. 아름다움 앞에서 인식능력들, 곧 상상력과 지성은 놀이 모드로 작동한다. 아름다움은 주체에게 만족스러우며 쾌감을 일으킨다. 왜냐하면 인식능력들의 조화로운 합동 놀이를 유발하기 때문이다. 아름다움은 비록 그 자체로 인식을 생산하지는 않지만 인식 장치들을 **즐겁게 해줌으로써 지원한다**unterhalten. 이를 통해 놀이는 인식의 생산을 촉진한다. 그 자체로 목적인 순수한 놀이는 칸트를 몹시 당황하게 한다. 음악은 "단지 감각을 가지고" "놀기" 때문에 "생각 사업Gedankengeschäft"을 할 능력이 없으며 그런 한에서 삼가야 한다.[96] 음악은 놀기만 하므로, 개념의 노동과 어울리지 않는다. 칸트는 음악보다 조형예술을 더 선호한다. 왜냐하면 조형예술은 "생각 사업" 곧 인식 생산과 양립 가능하기 때문이다. 음악과 달리 조형예술은 "상상력을 자유롭지만 또한 지성에 적합한 방식으로 놀이하게 만든다." 그렇게 "조형예술은 지성 개념들을 […] 태우고 운반하는 생산물을 만들어냄으로써 또한 사업을 한다."[97] 여기에서 칸트는 유독 "생산물"을 들먹이고, 흔히 그렇듯이 "사업"을 들먹인다. 상상력의 놀이 충동은 제한되어야 한다. 이는 상상력을 지성에, 인식의 생산에 종사하도록 만들 수 있기 위해서다. 놀이는 노동과 생산에 종속된다.

계몽은 인식 주체의 자율성을 전제한다. 칸트의 "코페

르니쿠스적 전환"은 그 자율성을 도입한다. 그 전환의 골자는 이러하다. '우리가 대상들 주위를 도는 것이 아니라, 대상들이 우리를 따라야 한다.' "모든 별들의 무리가 관찰자 주위를 돈다고 전제했을 때 천체들의 운동에 대한 설명이 잘 진척되지 않자, 혹시 관찰자가 돌고 별들은 멈춰 있다고 전제하면 설명이 더 잘 되지 않을까 시험했던 코페르니쿠스의 최초 생각과 마찬가지다. 형이상학에서도 대상들의 직관과 관련해서 유사한 시험을 할 수 있다. 직관이 대상들의 사정을 따라야 한다면, 어떻게 사람이 대상들에 관하여 선험적으로 무언가를 알 수 있을지 나는 모르겠다. 그러나 대상이(감각의 객체로서) 우리의 직관 능력의 사정을 따른다면, 나는 그 가능성을 더없이 잘 떠올릴 수 있다."[98] 세계에 대한 인식은 선험적 형식들, 곧 경험에 앞서 주어진 형식들 덕분에 이루어진다. 그 형식들은 인식 주체에 깃들어 있다. 칸트의 관념론은 인간적 주체가 인식 생산의 주인이라는 믿음을 기초로 삼는다. 칸트의 우주는, 형식과 법칙을 부여하는 인식 담당자로서의 자유롭고 자율적인 주체를 중심으로 삼는다.

오늘날 또 하나의 패러다임 전환이 조용히 진행되고 있다. 인간을 자율적 지식 생산자로 격상한 코페르니쿠스적-인간학적 전환이 **데이터주의적 전환**으로 대체되고 있다. 이제 인간은 데이터를 따라야 한다. 인간은 지식 생산자의 지위에서 물러나고 자신의 주권을 데이터에 넘겨준다. 데이터주의는 계몽의 관념론과 인본주의를 끝장낸다.[99] 인간은 주권적 인식 주체, 지식의 창시자가 더는 아니다. **이제 지식은 기계적으로 생산된다.** 데이터가 주도하는 지식 생산은 인간적 주체와 의식意識 없이 진행된다. 어마어마한 데이터가 인간을 지식 생산자로서 차지한 중심의 자리에서 몰아낸다. 인간 자체가 하나의 데이터 집합으로, 예측 및 조종이 가능한 하나의 양量으로 쪼그라든다.

빅데이터를 통해 생산된 지식은 파악되기를 거부한다. 인간의 파악 능력은 너무 미미하다. 프로세서는 생각하거나 파악하지 않고 오로지 계산하며, 바로 그렇기 때문에 인간보다 더 빠르다. 데이터주의자라면 이렇게 주장할 것이다. '인간은 충분히 빨리 계산할 수 없기 때문에 사유를 발명했다. 사유는 과거의 짧은 에피소드로 전락할 것이다.'

데이터주의의 투명성 명령으로부터 모든 것을 데이터와 정보로, 바꿔 말해 가시적인 것으로 변환하라는 강제가 나온다. 이 강제는 **생산**(내보이기) **강제**다. 투명성 명령은 인간의 자유가 아니라 오로지 데이터와 정보의 자유를 선포한다. 투명성은 효과적인 지배형식이다. 완전한 소통과 완전한 감시가 투명성에서 하나가 된다. 그 지배는 자유로 가장한다. 빅데이터는, 인간의 심리에 개입하고 그 심리를 조종할 수 있게 해주는 지배지식Herrschaftswissen을 낳는다. 이런 의미에서 데이터주의적 투명성 명령은 계몽의 연장이 아니라 종말이다.

생산 강제는 놀이와 이야기가 들어설 공간을 파괴한다. 알고리즘적 계산 노동은 서사적이지 않고 단지 가산加算적이다. 따라서 그 노동은 임의로 가속할 수 있다. 반면에 사유는 가속을 허용하지 않는다. 이론들은 여전히 서사적 특징들을 나타낸다. 반면에 알고리즘은 계산할 뿐, 이야기하지 않는다. 신화에서 데이터주의로의 이행은 이야기에서 계산으로의 이행이다. 데이터주의는 지식 생산을 포르노적으로 만든다. 사유는 계산보다 더 에로틱하다. 에로스는 사유에 날개를 달아주는 신이기도 하다. "나는 그를 에로스라고 부른다. 파르메니데스의 말에 따르면 에로스는 신들 가운데 가장 오래된 신이다. 내가 생각하면서 본질적인 한 걸음을 내디뎌 다닌 적 없는 곳으로 과감히 나아갈 때면 언제나 그 신의 날갯짓이 나를 쓰다듬는다."[100] 에로스가 없으면, 사유의 걸음은 계산의 걸음으로, 바꿔 말해 노동의 걸음으로 전락한다. 계산은 벌거벗었다. 계산은 포르노적이다. 사유는 **도형들**Figuren을 옷으로 입는다. 사유는 드물지 않게 복잡한 곡선을 그린다. 반면에 계산은 선형 궤도를 따른다.

사유는 놀이의 성격을 지녔다. 노동 및 생산의 강제 아래에서 사유는 자신의 본질로부터 소외된다. "노동과 강제의 근거였던 사유가 파산했다. 사유가 노동에, 유용성에 터무니없이 큰―사람들에게 너무나 익숙한―역할을 부여한 뒤로 그렇게 되었다. 이제 자유로운 사유가 자신은 근본적으로 놀이임을 상기할 때가 되었다."[101] 신화에서 데이터주의로 이행하는 과정에서 사유는 놀이의 요소를 완전히 잃는다. 사유는 계산을 닮아간다. 그러나 사유의 걸음은, 같은 것을 계속 이어가는 계산의 걸음이 아니다. 사유의 걸음은 오히려 게임의 행마나 춤의 스텝이다. 사유의 걸음은 전혀 다른 무언가를, 전혀 다른 질서를 만들어낸다. "우리는 모두 놀이꾼이다. 무슨 말이냐면, 느리게 진행하는 합리적 연쇄가 가끔 해체되기를, 잠시나마 질서가 전혀 다르게 진행하기를, 사건들의 경이로운 쇄도를 우리는 간절히 바란다."[102]

유혹에서 포르노로

유혹은 성기Geschlecht를 필요로 하지 않는다. 키르케고르의 《유혹자의 일기》에서 성기는 전혀 등장하지 않는다. 그 작품에서 한 번도 언급되지 않는 성행위는 유혹의 극작법dramaturgy에서 종속적인 역할만 한다. 유혹은 놀이다. 유혹은 리추얼적인 것의 질서에 속해 있다. 반면에 섹스Sex는 기능이다. 섹스는 자연적인 것의 질서에 정착해 있다. 유혹은 리추얼적 맞대결처럼 구조화되어 있다. 모든 일이 "거의 예배와 같은 도전과 결투의 질서 안에서" 벌어진다.[103] 키르케고르는 유혹을 펜싱에 비유한다. "그렇게 아래에서 올려다보는 눈길은 **똑바로**geradeaus[원문이 독일어다] 보는 눈길보다 더 위험함을 유념하라. 펜싱에서와 마찬가지다. 그리고 어떤 무기가 눈만큼 날카롭고 관통력이 강하며 번개처럼 움직이고 따라서 기만적이겠는가? 펜싱 용어로 말하면, 사람들은 검을 들어 상대의 상반신 왼쪽을 벨 것처럼 속임동작을 하다가 순식간에 찌르기를 한다. 속임동작과 찌르기 사이의 간격은 짧을수록 더 좋다. 속임동작의 순간은 형언할 수 없는 순간이다. 상대는 영락없이 타격을 느낀다. 실제로 그는 칼을 맞는다. 하지만 그가 믿었던 곳이 아니라 전혀 다른 곳에 맞는다."[104]

결투로서의 유혹은 권력을 놀이하듯이 다루는 것을 함축한다. 그런데 통념에 따르면, 권력은 억압, 부정적이거나 악한 무언가, 멀리해야 할 무언가다. 그러나 권력은 억압적일 뿐 아니라 또한 유혹적이며, 심지어 에로틱하다. 권력을 가지고 하는 놀이의 본질적 특징은 상호성이다. 푸코는 쾌락경제적lustökonomisch 관점에서 권력을 그렇게 해석한다. "권력은 나쁜 것이 아니다. 권력이란 전략 놀이다. 권력은 나쁜 것이 아님을 사람들은 아주 잘 안다. 예컨대 성적인 관계나 사랑의 관계를 보라. 상황이 뒤집힐 수 있는 일종의 열린 전략 놀이에서 상대에게 권력을 행사하는 것은 나쁘지 않다. 그것은 사랑, 열정, 성적 쾌락의 한 부분이다."[105]

유혹은 연출적szenisch 거리, 유희적 거리를 전제한다.

그 거리가 나를 나의 심리로부터 멀어지게 한다. 사랑의 친밀함은 이미 유혹의 영역을 벗어난다. 그 친밀함은 놀이의 끝이요 심리와 고백의 시작이다. 그 친밀함은 연출을 불신한다. 유혹의 에로티시즘은 사랑의 친밀함과 다르다. 친밀함에 이르면, 놀이다움이 사라진다. 유혹은 친밀함을 거부하는 **소격**疏隔함Extimitat에, **타자의 외재성**에 기초를 둔다. 유혹의 본질적 요소는 **타자에 대한 환상**이다.

포르노는 유혹의 종말을 마침내 확정한다. 포르노에서 **타자**는 완전히 근절된다. 포르노적 쾌락은 나르시시즘적이다. 그 쾌락은 감춰지지 않은 채로 제공되는 대상을 단박에 소비하는 것에서 나온다. 오늘날에는 성기뿐 아니라 영혼도 발가벗겨진다. 환상을 품을 능력, 외관을 중시할 능력, 연극을 할 능력, 놀이할 능력, 장관을 연출할 능력의 완전한 상실은 포르노의 승리다.

포르노는 투명성의 한 현상이다. 포르노의 시대는 명확성의 시대다. 오늘날 우리는 비밀과 수수께끼 등의 현상에 접근할 길을 잃었다. 불명확성이나 이중의미도 벌써 우리를 불편하게 만든다. 재담도 다의성 때문에 추방된다. 유혹은 비밀의 부정성을 전제한다. 명확성의 긍정성은 오직 실행만 허용한다. 읽기도 오늘날에는 포르노적 형식을 띤다. 텍스트에서 느끼는 쾌락은 스트립쇼에서 느끼는 쾌락을 닮았다. 그 쾌락은 진실인 성기가 점차 발가벗겨지는 것에서 나온다. 요새 우리는 시를 거의 읽지 않는다. 오늘날 대단히 인기 있는 스릴러물과 달리 시에는 최후의 진실이 없다. 시는 불명확성을 가지고 놀이한다. 시는 포르노적인 읽기를, 포르노적인 선명함을 허용하지 않는다. 시는 **의미의 생산**에 반항한다.

이른바 '정치적 올바름political correctness'도 불명확성에 반대한다. "'정치적으로 올바른' 실천들은 […] 투명성을 요구하고 다의성의 포기를 요구한다. 이는 전통적인 유혹의 수사학적 감정적 후광을 무력화하기 위해서다."[106] 다의성은 에로티시즘의 언어에 본질적이다. 따라서 정치적 올바름의 엄격한 언어 위생衛生은 에로틱한 유혹을 끝장낸다. 포르노뿐 아니라 정치적 올바름도 오늘날 에로티시즘을 뭉개어 곤죽으로 만든다.

생산과 성과의 강제는 오늘날 삶의 모든 영역을 지배한다. 성의 영역도 예외가 아니다. '생산하기'는 원래 '앞으로 끌어내 보이게 만들기'를 뜻한다. 포르노에서는 성이 생산된다. 즉, 적나라하게 내보여진다. 오늘날의 포르노에서는 심지어 사정射精도 감춰지면 안 된다. 생산물이 넘쳐흐를수록, 생산자는 더 유능하다. 그는 포르노적 과정의 공동생산자인 파트너 여성의 눈앞에서 자기를 생산한다. 오늘날의 포르노 속 성행위는 기계적으로 느껴진다. 성과의 원리가 섹스마저도 지배한다. 그 원리는 몸을 섹스 기계로 기능화한다. 섹스, 실행, 성과, 리비도, 생산이 손에 손을 맞잡는다. 보드리야르는 사정 강제를 생산 강제로 환원한다. "성이 그 자체로 목적이 아닌 문화들, 성이 방출해야 할 에너지의 치명적 진지함을, 강제적 사정의 진지함, 무조건적 생산의 진지함, 위생적 신체 회계會計의 진지함을 보유하지 않은 문화들 앞에서 우리는 이해 없이 피상적으로 동정하는 태도를 취한다. 그 문화들은 유혹 및 감성의 긴 절차들을 보존했다. 그 절차들에서 성은 여러 서비스 가운데 하나이며 증여와 맞증여로 이루어진 긴 과정이다. 반면에 성행위 자체는, 필수적인 리추얼에 맞춰 낭송되는 이 상호성의 종점으로서 때에 따라 있을 수도 있고 없을 수도 있다."[107]

오늘날 시간 집약적 유혹의 놀이는 즉각적 욕망 충족을 위해 점점 더 제거된다. 유혹과 생산은 서로 어울리지 않는다. "우리는 조루早漏 문화다. 모든 유혹, 극도로 **리추얼화된** 과정인 모든 유혹의 관행은, **자연화된** 성적 명령을 위하여, 소망의 즉각적이며 강제적인 충족을 위하여 점점 더 사라져간다."[108] 놀이하기는 욕망을 충족하기와 전혀 다르다. 리비도는 놀이에 적대적이다. 리비도는 몸의 차원에서 나타나는 자본의 현상이다. 자본은 에너지가 넘치는 몸을 노동력으로서 만들어낼 뿐 아니라 충동이 넘치는 몸을 섹스-력力으로서 만들어낸다. 리비도와 충동은 생산형식들이다. 그것들은 유혹형식에 맞선다.

포르노는 신자유주의의 일반적 기조基調라고 할 수 있다. 생산 강제 아래에서 모든 것은 앞으로 끌어내어지고, 보이게 되고, 발가벗겨지고, 전시된다. 모든 것이 무자비한 투명성의 빛 아래에 놓인다. 소통이 투명해지면, 매끄럽게 연마되어 신속한 정보 교환으로 되면, 소통은 포르노적으로 된다. 언어가 **놀이하지** 않으면, 오직 정보만 운반하면, 언어는 포르노적으로 된다. 몸이 연출적 성격을 완전히 잃고 오로지 기능만 해야 하면, 몸은 포르노적으로 된다. 포르노적인 몸은 어떤 상징성도 없다. 반면에 리추얼화된 몸은 화려한 무대, 비밀과 신성함이 기입記入되어 있는 무대다. 소리도 모든 미묘함과 삼감을 잃고 단지 흥분과 감정만 생산해야 한다면 포르노적으로 된다. 사운드트랙을 가공하는 디지털 장비에는 **정면 돌격**In your face 모드가 있다. 그 모드는 어떤 매개도 없는 소리 인상을 창출한다. 소리들이 곧장 얼굴로 쏟아진다. 그림이 해석을 거치지 않고 눈을 직접, 마치 성기처럼 자극하면, 그림은 포르노적으로 된다. 그런 직접 접촉, 그림과 눈의 **교**

접交接은 포르노적이다.

오늘날 우리는 탈섹스의 시대postsexuelle Zeit에 산다. 가시성의 과잉, 섹스의 포르노적 **과잉생산**이 섹스를 끝장낸다. 포르노는 도덕과 억압보다 더 효과적으로 성性과 에로티시즘을 파괴한다. 라스 폰 트리에 감독의 영화 〈님포매니악Nymphomaniac〉은 탈섹스의 시대가 도래했음을 통고한다. 한 평론을 들어보자. "'섹스는 잊어버려라'가 영화의 메시지라고 해도 과언이 아닐 것이다. 왜냐하면 영화는 어디에서도 유혹적인 방식으로 성을 보여주지 않기 때문이다. 영화는 포르노적이다. 즉, 대뜸 제시되는 바를 아주 오랫동안 정확히 보도록 관객을 강제한다. 그러나 관객의 시선 앞에 놓인 것은 주름이 많고 일그러졌고 털이 많으며 노란색이 감도는 회색이다. 한마디로, 여느 포유동물의 성기와 비슷한 정도로 매력적이다."[109] '살Fleisch'에 해당하는 라틴어는 '카로caro'다. 탈섹스의 시대에 포르노그래피는 '카로그래피carographie'로 첨예화된다. 금지나 박탈의 부정성이 아니라 **과잉생산의 긍정성**이 성을 없앤다. 현재 사회가 앓는 병의 본질적 원인은 긍정성의 과잉이다. 과소過少가 아니라 과다過多가 현대 사회를 병들게 한다.

Agamben, Giorgio. *Das unsagbare Mädchen. Mythos und Mysterium der Kore*. Frankfurt a. M. 2012.

Agamben, Giorgio. *Nacktheiten*. Frankfurt a. M. 2010.

Agamben, Giorgio. *Profanierungen*. Frankfurt a. M. 2005.

Arendt, Hannah. *Vita activa oder Vom tätigen Leben*. München 2002.

Badiou, Alain/Žižek, Slavoj. *Philosophie und Aktualität. Ein Streitgespräch*. Wien 2012.

Barthes, Roland. *Das Neutrum*. Frankfurt a. M. 2005.

Barthes, Roland. *Das Reich der Zeichen*. Frankfurt a. M. 1981.

Bataille, Georges. "Spiel und Ernst," in: Johan Huizinga, *Das Spielelement der Kultur*, K. Ebeling 편, Berlin 2014, 75-111면.

Bataille, Georges. *Die Aufhebung der Ökonomie*. München 2001.

Bauman, Zygmund. *Retrotopia*. Berlin 2017.

Baudrillard, Jean. *Das Andere selbst*. Habilitation. Wien 1987.

Baudrillard, Jean. *Der symbolische Tausch und der Tod*. Berlin 2011.

Baudrillard, Jean. *Die göttliche Linke*. München 1986.

Baudrillard, Jean. *Die fatalen Strategien*. München 1991.

Baudrillard, Jean. *Von der Verführung*. München 1992.

Benjamin, Walter. *Das Kunstwerk im Zeitalter seiner technischen Reproduzierbarkeit. Gesammelte Schriften*. Band 1. Frankfurt a.

M. 1991.

Clausewitz, Carl von. *Vom Kriege*. Reinbek 1984.

Deleuze, Gilles/Félix Guattari. *Tausend Plateaus. Kapitalismus und Schizophrenie*. Berlin 1993.

Douglas, Mary. *Ritual, Tabu und Körpersymbolik. Sozial anthropologische Studien in Industriegesellschaft und Stammes/kultur*. Frankfurt a. M. 1974.

Durkheim, Émile. *Die elementaren Formen des religiösen Lebens*. Berlin 2017.

Foucault, Michel. *Ästhetik der Existenz. Schriften zur Lebenskunst*. Frankfurt a. M. 2007.

Foucault, Michel. *Die Ordnung der Dinge*. Frankfurt a. M. 1974.

Foucault, Michel. *Freiheit und Selbstsorge*. Interview 1984 und Vorlesung 1982, H. Becker 등 편, Frankfurt a. M. 1985.

Gadamer, Hans-Georg. *Die Aktualität des Schönen. Kunst als Spiel, Symbol und Fest*. Stuttgart 1977.

Garcia, Tristan. *Das intensive Leben. Eine moderne Obsession*. Berlin 2017.

Gennep, Arnold van. *Übergangsriten*. Frankfurt a. M. 1999.

Han, Byung-Chul. *Hyperkulturalität, Kultur und Globalisierung*. Berlin 2005.

Han, Byung-Chul. *Psychopolitik. Neoliberalismus und die neuen Machttechniken*. Frankfurt a. M. 2014.

Han, Byung-Chul. *Topologie der Gewalt*. Berlin 2011.

Handke, Peter. *Phantasien der Wiederholung*. Frankfurt a. M. 1983.

Hegel, Georg Wilhelm Friedrich. *Werke in zwanzig Bänden*. E. Moldenhauer und K. M. Michel 편. Frankfurt a. M. 1970.

Heidegger, Martin. *Briefe Martin Heideggers an seine Frau Elfriede 1915-1970*. München 2005.

Heidegger, Martin. *Unterwegs zur Sprache*. Pfullingen 1959.

Huizinga, Johan. *Homo Ludens. Vom Ursprung der Kultur im Spiel*.

Hamburg 1956.

Illouz, Eva. *Warum Liebe weh tut. Eine soziologische Erklärung.* Berlin 2011.

Jaspers, Karl. *Philosophie III, Metaphysik.* Berlin / Heidelberg 1973.

Kant, Immanuel. *Werke in zehn Bänden.* Wilhelm Weischedel 편. Darmstadt 1983.

Kerényi, Karl. *Antike Religion.* Stuttgart 1995.

Kierkegaard, Sören. *Die Wiederholung.* Hamburg 1961.

Kierkegaard, Sören. *Tagebuch des Verführers.* Zürich 2013.

Kojève, Alexandre. *Hegel. Eine Vergegenwärtigung seines Denkens.* Frankfurt a. M. 1975.

Kojève, Alexandre: *Überlebensformen.* Berlin 2007.

Lafargue, Paul. *Das Recht auf Faulheit: Widerlegung des "Rechts auf Arbeit" von 1848.* Berlin 2013.

Lévinas, Emmanuel. *Totalität und Unendlichkeit. Versuch über Exteriorität.* Freiburg / München 1987.

Marx, Karl. *Deutsche Ideologie.* In: MEW, Band 3. Berlin 1990.

Marx, Karl. *Ökonomisch-philosophische Manuskripte.* In: MEW, Band 40. Berlin 1990.

Nádas, Péter. *Behutsame Ortsbestimmung. Zwei Berichte.* Berlin 2006.

Novalis. *Schriften.* P. Kluckhohn und R. Samuel 편. Band 1. Stuttgart 1960.

Pfaller, Robert. *Die Illusionen der anderen. Über das Lustprinzip in der Kultur.* Frankfurt a. M. 2002.

Pfaller, Robert. *Das Schmutzige Heilige und die reine Vernunft. Symptome der Gegenwartskultur.* Frankfurt a. M. 2008.

Rosa, Hartmut. *Resonanz. Eine Soziologie der Weltbeziehung.* Berlin 2016.

Rosenzweig, Franz. *Der Stern der Erlösung. Gesammelte Schriften.* Band 2. Hanau 1976.

Saint-Exupéry, Antoine de. *Die Stadt in der Wüste. Citadelle.* Frankfurt a. M. 1996.

Schmitt, Carl. *Der Nomos der Erde im Völkerrecht des Jus Publicum Europaeum.* Berlin 1950.

Sennett, Richard. *Verfall und Ende des öffentlichen Lebens.* Berlin 2008.

Taylor, Charles. *Das Unbehagen an der Moderne.* Frankfurt a. M. 1995.

Türcke, Christoph. *Hyperaktiv! Kritik der Aufmerksamkeits-defizitkultur.* München 2012.

1   Hans-Georg Gadamer, *Die Aktualität des Schönen. Kunst als Spiel, Symbol und Fest*. Stuttgart 1977, 62면.

2   Antoine de Saint-Exupéry, *Die Stadt in der Wüste. Citadelle*. Frankfurt a. M. 1996, 26면 이하.

3   Hannah Arendt, *Vita activa oder Vom tätigen Leben*. München 2002, 163면.

4   Peter Handke, *Phantasien der Wiederholung*. Frankfurt a. M. 1983, 8면.

5   Mary Douglas, *Ritual, Tabu und Körpersymbolik. Sozialanthropologische Studien in Industriegesellschaft und Stammeskultur*. Frankfurt a. M. 1974, 11면.

6   Christoph Türcke, *Hyperaktiv! Kritik der Aufmerksamkeitsdefizitkultur*. München 2012 참조.

7   Sören Kierkegaard, *Die Wiederholung*. Hamburg 1961, 7면.

8   위의 곳.

9   위의 책, 8면.

10 Handke, *Phantasien der Wiederholung*, 57면.

11 Hartmut Rosa, *Resonanz. Eine Soziologie der Weltbeziehung*. Berlin 2016, 297면.

12 Roland Barthes, *Das Neutrum*. Frankfurt a. M. 2005, 210면.

13 규제 철폐의 과잉에 이어 다시 리추얼과 확고한 규칙에 대한 요구

가 나타나고 있다. 조던 피터슨의 유명한 인생 지침서 《12가지 인생의 법칙12 Rules of Life》에 "카오스에 대한 해독제"라는 부제가 붙어 있는 것은 우연이 아니다. 본래 리추얼에 대한 욕구는 카오스를 충격적으로 경험할 때 깨어난다. 개인화된 생애 주기 리추얼과 통과 의례에 대한 수요도 높아지고 있다. 성직자의 자리에 이른바 리추얼-디자이너Ritualdesigner가 들어선다. 리추얼들마저도 진정성 및 창의성의 명령에 복종해야 한다. 그러나 이 새로운 리추얼들은 진정한 의미의 리추얼이 아니다. 이 리추얼들에서는, 삶을 더 높은 무언가에 맞추고 그럼으로써 의미와 방향을 제공하는 저 상징적 힘이 나오지 않는다. 더 높은 질서가 존재하기를 그치면, 리추얼은 사라진다.

14 Charles Taylor, *Das Unbehagen an der Moderne*. Frankfurt a. M. 1995, 39면.

15 위의 책, 51면.

16 Richard Sennett, *Verfall und Ende des öffentlichen Lebens. Die Tyrannei der Intimität*. Berlin 2008, 36면.

17 Johan Huizinga, *Homo Ludens. Vom Ursprung der Kultur im Spiel*. Hamburg 1956, 184면.

18 Sennett, *Verfall und Ende des öffentlichen Lebens*, 67면.

19 Alain, *Die Pflicht, glücklich zu sein*, Frankfurt a. M. 1982, 45면. Robert Pfaller, *Die Illusionen der anderen. Über das Lustprinzip in der Kultur*. Frankfurt a. M. 2002, 261면에서 재인용.

20 Robert Pfaller, *Das schmutzige Heilige und die reine Vernunft. Symptome der Gegenwartskultur*. Frankfurt a. M. 2008, 129면.

21 위의 책, 92면.

22 Sennett, *Verfall und Ende des öffentlichen Lebens*, 581면.

23 Péter Nádas, *Behutsame Ortsbestimmung. Zwei Berichte*. Berlin 2006, 5면.

24 위의 책, 16면.

25 위의 책, 11면.

26 위의 책, 25면.

27 위의 책, 8면. 강조는 필자의 것.

28 위의 책, 17면.

29 위의 책, 33면.

30 위의 책, 78면.

31 Georg Wilhelm Friedrich Hegel, *Vorlesungen über die Philosophie der Geschichte*, Werke in zwanzig Bänden, E. Moldenhauer und K. M. Michel 편, 12권, Frankfurt a. M. 1970, 280면.

32 위의 책, 278면.

33 Zygmund Bauman, *Retrotopia*. Berlin 2017 참조.

34 Byung-Chul Han, *Hyperkulturalität, Kultur und Globalisierung*. Berlin 2005 참조.

35 Gilles Deleuze / Félix Guattari, *Tausend Plateaus. Kapitalismus und Schizophrenie*. Berlin 1993, 41면.

36 Gadamer, *Die Aktualität des Schönen*, 56면.

37 Giorgio Agamben, *Nacktheiten*. Frankfurt a. M. 2010, 183면 이하에서 재인용.

38 Franz Rosenzweig, *Der Stern der Erlösung*. Gesammelte Schriften, 2권, Hanau 1976, 348면.

39 위의 책, 342면 이하.

40 Giorgio Agamben, *Das unsagbare Mädchen. Mythos und Mysterium der Kore*. Frankfurt a. M. 2012, 11면.

41 Karl Kerényi, *Antike Religion*. Stuttgart 1995, 47면.

42 Émile Durkheim, *Die elementaren Formen des religiösen Lebens*. Berlin 2017, 451면.

43 위의 책, 512면 이하.

44 Gadamer, *Die Aktualität des Schönen*, 60면.

45 위의 책, 70면.

46 Giorgio Agamben, *Profanierungen*. Frankfurt a. M. 2005, 82면.

47 Martin Heidegger, *Unterwegs zur Sprache*. Pfullingen 1959, 37면.

48 Georges Bataille, *Die Aufhebung der Ökonomie*. München 2001, 312면.

49 위의 책, 330면 이하.

50 위의 책, 326면 이하.

51 Jean Baudrillard, *Der symbolische Tausch und der Tod*. Berlin 2011, 258면.

52 위의 책, 266면.

53 *TAZ* 2009년 4월 2일자.

54 Michel Foucault, *Ästhetik der Existenz. Schriften zur Lebenskunst*. Frankfurt a. M. 2007, 111면.

55 위의 곳.

56 위의 곳.

57 위의 책, 111면 이하.

58 위의 책, 110면 이하.

59 다음에서 인용. Bataille, *Die Aufhebung der Ökonomie*, 326면.

60 Karl Marx, *Deutsche Ideologie*. MEW, 3권, Berlin 1990, 20면.

61 Karl Marx, *Ökonomisch-philosophische Manuskripte*. MEW, 40권, Berlin 1990, 574면.

62 Paul Lafargue, *Das Recht auf Faulheit. Widerlegung des 'Rechts auf Arbeit' von 1848*. Berlin 2013, 13면.

63 위의 책, 57면.

64 Alexandre Kojève, *Hegel. Eine Vergegenwärtigung seines Denkens*, Frankfurt a. M. 1975, 71면.

65 위의 책, 41면.

66 Alexandre Kojève, *Überlebensformen*. Berlin 2007, 49면.

67 위의 책, 54면.

68 Baudrillard, *Der symbolische Tausch und der Tod*, 350면.

69 Immanuel Kant, *Anthropologie in pragmatischer Hinsicht*. Werke in zehn Bänden, W. Weischedel 편, Darmstadt 1983, 10권, 512면.

70 Jean Baudrillard, *Das Andere selbst* (교수자격 취득 논문), Wien

1987, 66면.

71 Jean Baudrillard, *Die fatalen Strategien*. München 1991, 185면, 강조는 필자의 것.

72 Roland Barthes, *Das Reich der Zeichen*. Frankfurt a. M. 1981, 103면.

73 위의 책, 64면.

74 위의 책, 65면.

75 위의 책, 140면.

76 G. W. F. Hegel, *Vorlesungen über die Ästhetik*. Werke in zwanzig Bänden, Frankfurt a. M. 1970, 14권, 392면.

77 Baudrillard, *Von der Verführung*. München 1992, 185면.

78 Baudrillard, *Die fatalen Strategien*, 210면 이하.

79 Barthes, *Das Reich der Zeichen*, 90면 이하.

80 위의 책, 91면.

81 Huizinga, *Homo Ludens*, 97면.

82 위의 책, 103면.

83 위의 책. 95면.

84 Carl von Clausewitz, *Vom Kriege*. Reinbek 1984, 13면.

85 위의 책, 22면.

86 Bataille, *Die Aufhebung der Ökonomie*, 333면.

87 Walter Benjamin, *Das Kunstwerk im Zeitalter seiner technischen Reproduzierbarkeit*. Gesammelte Schriften 1권, Frankfurt a. M. 1991, 508면.

88 Carl Schmitt, *Der Nomos der Erde im Völkerrecht des Jus Publicum Europaeum*. Berlin 1950, 298면.

89 위의 곳.

90 Huizinga, *Homo Ludens*, 116면.

91 위의 책, 115면 이하.

92 Platon, *Das Gastmahl*, 175e-176a, F. Schleiermacher 역.

93 Alain Badiou/Slavoj Žižek, *Philosophie und Aktualität. Ein Streitgespräch*. Wien 2012, 17면.

94 위의 책, 18면.

95 Platon, *Euthydemos*, 278b-c, F. Schleiermacher 역.

96 Kant, *Kritik der Urteilskraft*. Werke in zehn Bänden, 8권, 433면.

97 위의 곳.

98 Kant, *Kritik der reinen Vernunft*. Werke in zehn Bänden, 3권, 25면.

99 데이터주의와 빅데이터에 대해서는 Byung-Chul Han, *Psychopolitik. Neoliberalismus und die neuen Machttechniken.* Frankfurt a. M. 2014 참조.

100 *Briefe Martin Heideggers an seine Frau Elfriede 1915-1970.* München 2005, 264면.

101 Georges Bataille, "Spiel und Ernst," in: Johan Huizinga, *Das Spielelement der Kultur*, K. Ebeling 편, Berlin 2014, 75-111면, 이 대목은 111면.

102 Baudrillard, *Von der Verführung*, 188면.

103 위의 책, 157면.

104 Sören Kierkegaard, *Tagebuch des Verführers.* Zürich 2013, 35 면 이하.

105 Michel Foucault, *Freiheit und Selbstsorge.* Interview 1984 und Vorlesung 1982, H. Becker 등 편, Frankfurt a. M. 1985, 25면 이하.

106 Eva Illouz, *Warum Liebe weh tut. Eine soziologische Erklärung.* Berlin 2011, 345면 이하.

107 Baudrillard, *Von der Verführung*, 58면.

108 위의 곳.

109 *Süddeutsche Zeitung* 2013년 12월 27일자.

〈엘문도〉 인터뷰

엘문도　신작 《리추얼의 종말》에서 선생님은 오늘날 우리가 시를 더는 읽지 않는다는 사실에서 리추얼의 종말을 확인할 수 있다고 주장합니다. 시는 마술적인 언어 예식이며 불확실성을 가지고 놀기 때문에 절대로 확실성을 제공하지 않는다고 했죠. 하지만 지금도 여전히 시집들이 출판되어 소수의 독자들에게 읽힙니다. 아마도 그들은 주로 시인일 텐데, 그들은 과연 누구이고 어떤 사람들일까요? 시를 쓰거나 단지 읽는 것을 통해서 그들이 오늘날의 세계에 기여하는 바를 선생님은 어떻게 평가하시나요? 시의 종말을 막을 가능성이 아직 있다고 믿으십니까? 트위터가 인기의 절정을 누릴 당시에 많은 이들이 140자로 된 포스트포에지Post-Poesie의 가능성을 거론했습니다. 또 시인으로 자부하는 뮤지션도 많습니다.

한병철 시에서는 언어가 놀이를 합니다. 시를 쓰면서 우리가 언어를 가지고 놀지요. 리추얼도 놀이입니다. 오늘날 우리가 시를 거의 읽지 않는 중요한 이유는 우리가 '유희적인 것das Spielerische'을 망각한 것에 있습니다. 대신에 우리는 스릴러물을 많이 읽죠. 스릴러물에는 진실을 점점 더 드러낼 때 발생하는 쾌락Lust이 있습니다. 스트립쇼에서와 마찬가지죠. 스릴러물은 포르노적이에요. 포르노에서 진실은 다름 아니라 성기性器죠. 우리가 시를 읽을 때는 최후의 진실에 도달하기 위해 읽지 않습니다. 시에는 드러낼 것이 전혀 없어요. 시는 포르노적인 독해를 허용하지 않아요. 성생활에서도 우리는 더는 놀이하지 않습니다. 오늘날에는 성생활에서조차도 성과가 관건이에요. 사랑에서도 유희적 요소가 점점 더 사라져갑니다. 틴더Tinder(유명 데이팅 앱―옮긴이) 시대에는 유혹도, 유혹의 리추얼도 더는 존재하지 않아요. 사람들은 곧장 본론으로 들어가죠. 하지만 에로틱한 것은 부수사항들을 가지고 하는 놀이예요. 게다가 오늘날 쾌락은 무엇보다도 소망의 충족과 관련지어집니다. 하지만 우리는 모든 쾌락이 소망의 충족에서 나온다는 생각에서 자유로워질 필요가 있어요. 오직 소비사회만이 소망을 중심축으로 삼아서 작동해요. 공동의 놀이에서 나는 내 소망을 충족시키려 하지 않습니다. 물론 우리가 리추얼들이 있던 과거로 돌아가야 한다고 주장하려는 것은 아니에요. 오히려 내가 주장하는 것은, 우리가 공동 행위 및 놀이의 새로운 형태들을 발명해야 한다는 것이에요. 에고의 피안彼岸, 소망의 피안, 소비의 피안에서 행해지고 공동체를 창출하는 그런 공동 행위와 놀이의 형태들을 말이에요.《리추얼의 종말》은 미래의 사회를 향해 나아가는 책입니다. 오늘날 우리는 에고에 홀리고 도취해 있고, 공동체가 행복을 가져온다는 것을 망각했어요. 놀이와 리추얼은 공동체를 조성합니다. 놀이와 리추얼이 얼마나 중요한지를 지금 우리는 코로나 대유행 속에서 고통스럽게 체험하고 있죠. 얼마 전에는 우리가 함께 밥을 먹는 것조차 금지되어 있었어요. 공동 식사는 디지털화될 수 없습니다.

옐문도 지금 우리는 세계적인 감염병 대유행의 한복판에 있습니다. 두 달 넘는 봉쇄조치 끝에 이제야 비로소, 그것도 고작 느린 속도로 격리조치와 개인 이동의 자유에 대한 제한이 완화되는 중입니다. 지난 두 달 동안 리추얼의 종말이 많은 이들에게 기정사실로 되었다고 할 수 있을 것 같아요. 특히 죽음과 장례에 관한 리추얼들이 사라졌죠. 그리고 보니 우리가 서로 접촉하지 않으면서 소통하고 인사하는 것에서도 리추얼의 종말이 드러나는군요. 마치 전통적인 장례가 새로운 장례로 대체된 것처럼 보입니다. 인사에 관한 리추얼도 마찬가지예요. 이런 상황을 어떻게 평가하십니까? 여기에서 무언가 긍정적인 면도 보인다고 할 수 있을까요?

한병철 장례 리추얼에서 슬픔은 공동체화됩니다. 그 리추얼은 슬픔을 견뎌내기 위한 개인의 노동을 수월하게 해주죠. 장례식은 니스칠처럼 피부 위에 덮여 사랑하는 사람의 죽음 앞에서 피부가 참혹한 슬픔의 화상을 입지 않게 보호해줍니다. 또 종부성사는 죽음을 수월하게 해줍니다. 종부성사는 죽어가는 사람에게 멈춤을 제공하죠. 하지만 나는 마스크를 착용한 사제로부터 종부성사를 받고 싶지는 않아요. 감염병 대유행이 공공연하게 알려주는 것은 우리 사회가 생존사회라는 점이에요. 마치 우리가 영원한 전쟁 상태에 있기라도 한 것처럼, 생존이 전체화되고 있습니다. 오늘날에는 삶의 모든 힘이 삶을 연장하는 데 쓰여요. 감염병 대유행 앞에서 생존사회는 심지어 부활절 미사마저 금지합니다. 성직자들도 사회적 거리두기를 실천하고 마스크를 착용하죠. 그들은 신앙을 온전히 생존에 바치는 셈입니다. 이웃사랑이요? 이웃사랑은 거리두기로 표출되고 있어요. 바이러스가 신앙을 무력화하는 겁니다. 모두가 오직 감염병 전문가들의 말에만 귀를 기울여요. 그들은 절대적인 해석의 권위를 누립니다. 부활의 이야기가 건강과 생존의 이데올로기에 완전히 밀려나고 있어요. 프란치스코 교황도 예외가 아닙니다. 성 프란치스코는 한센병 환자들을 끌어안았는데…… 리추얼은 또한 보호 장치입니다. 리추얼이 없으면, 우리는 무방비이고 집도 없다고 느끼게 됩니다. 그래서 나는 리추얼이란 '상징적인 집안에 들이기 기술'이라고 썼습니다. 리추얼은 세계-안에-있음을 집안에-있음으로 변환합니다. 리추얼은 세계를 안심할 수 있는 장소로 만들어요.

옐문도 코로나 감염병으로 얼마 전과 다름없이 지금도 매일 수백 명이 사망합니다. 그 숱한 죽음은 아주 많은 사람에게 더없이 직접적이고 가혹한 재난입니다. 현재로서는 끝을 내다볼 수 없는 듯합니다. 다른 한편으로, 이 감염병 대유행이 장기적으로 세계에 어떤 영향을 미칠 것인가를 놓고 광범위한 토론이 이루어지고 있는데,

항상 중심에 놓이는 질문은 이것이에요. '장기적이고 본질적인 변화가 일어날 것인가, 아니면 모든 것이 예전처럼, 그러니까 희망이 거의 없는 상태로 유지될 것인가?' 이 질문에 대한 선생님의 대답이 궁금합니다. 개인적으로 제 의견을 말하면, 대유행 기간에 우리의 생활방식에서 일어난 변화들이 부분적으로 혹은 완전히 고착되느냐는 임박한 백신 접종이 어떻게 진행되느냐에 달려 있다고 봅니다. 선생님의 의견은 어떤가요?

한병철 예컨대 사회적 거리두기는 보이지 않게 흔적을 남길 겁니다. 지금 사회적 거리두기는 사회적 차별로 발전하고 있어요. 오직 부자들만 사회적 거리두기를 감당할 수 있습니다. 그들은 전원의 저택에 칩거하죠. 반면에 가난한 사람들은 계속해서 승객으로 꽉 찬 교외 전철을 타고 출근해야 해요. 하지만 무엇보다도 이 감염병 대유행은 우리의 자유주의를 위태롭게 만들 것입니다. 유행병에 맞서 싸울 때도 각각의 개인을 고려하는 쪽이 바람직하다는 인식이 머지않아 두루 퍼지겠죠. 하지만 자유주의는 이런 대처법을 고스란히 허용하지는 않습니다. 자유주의적인 사회에 속한 개인은 국가의 개입이 허용되지 않는 자유공간을 가집니다. 데이터 보호 조치만 해도 개인에 대한 감시를 방해하죠. 자유주의적인 사회는 각각의 개인을 감시 대상으로 삼을 수 없기 때문에 엄청난 경제적 피해를 일으키는 완전 봉쇄 외에는 달리 취할 방도가 없습니다. 머지않아 서양 사회는 오직 생명정치 Biopolitik를 통해서만, 몸에 대한 디지털 감시를 통해서만 개인의 삶에 제약 없이 개입하여 봉쇄를 예방할 수 있다는 숙명적인 깨달음에 도달할 것입니다. 그런데 그 깨달음은 자유주의의 종말이지요.

엘문도 현재 상황에서 미래를 내다봅시다. 이번 저서에서 선생님은 신자유주의 체제가 우리에게 광고하고 판매하는 강렬한 삶은 실은 주로 강렬한 소비를 의미한다고 말합니다. "늘 새로운 것, 흥분을 일으키는 것을 기대하는 사람은 이미 있는 것을 간과한다"고 강조했죠. 현재의 위기를 통해 우리가 강렬한 삶에서 더 고요한 삶으로 옮겨 갈 수도 있을 것이라고 선생님은 생각하나요? 지금 거리는 고요하고 인적이 없습니다. 우리는 과거에 알아채지 못하던 것들을 보고 듣지요. 또 예전처럼 소비를 강제하는 힘도 없습니다. 그렇다면 강렬한 삶에서 고요한 삶으로의 이행이 일어날 법도 하지 않나요? 심지어 코로나바이러스 때문에 우리의 감각지각에도 변화가 일어난 듯합니다. 미각, 후각, 촉각뿐 아니라 시각과 청각도 달라진 것 같아요. 선생님은 뭔가 영속적인 변화가 일어나고 있다고 생각하나요? 이 변화가 현재 증가하고 있는 우리 사회의 나르시시즘에 영향을 미칠 수 있을까요?

한병철 실제로 몇몇 사회학자들은 코로나 낭만주의를 퍼뜨리고 있습니다. 감속減速이나 한가함이 거론되곤 하죠. 코로나 위기가 기회라면서요. 우리가 새들의 지저귐에 귀를 기울이거나 향기로운 꽃 곁에 오래 머무를 시간을 다시 얻을 것이라고 그들은 이야기하죠. 하지만 회의를 품는 것이 합당합니다. 대유행이 끝나면 자본주의는 필시 더 힘차게 전진할 거예요. 성과 압력, 최적화 압력, 경쟁 압력은 계속 증가할 테고요. 자본주의는 지금 감속한 것이 아니라 잠시 멈췄을 뿐입니다. 현재 상황은 신경이 곤두선 멈춤, 긴장된 고요입니다. 우리는 한가함을 누리고 있지도 않아요. 오히려 비활동을 강제당하고 있습니다. 격리시설은 한가함을 누리는 장소가 아닙니다. 바이러스 혁명은 일어나지 않을 것입니다. 감염병 대유행은 리추얼의 종말을 확고하게 못 박습니다. 노동도 리추얼의 면모를 지녔어요. 사람들은 정해진 시간에 출근합니다. 또 노동은 공동체 안에서 이루어집니다. 공동작업도 노동의 공동체성을 시사해요. 그런데 감염병 대유행으로 인한 재택근무에서는 이 같은 노동의 리추얼적 면모가 완전히 사라집니다. 생텍쥐페리의 《어린 왕자》에서 어린 왕자는 여우에게 항상 같은 시간에 찾아와달라고 부탁해요. 여우의 방문이 리추얼이 되기를 바라는 것이죠. 어린 왕자는 여우에게 리추얼이 무엇인지 설명합니다. 시간 안에서 리추얼은 공간 안에서 집에 해당합니다. 리추얼은 시간을 집처럼 드나들 수 있게 만들어요. 시간에 질서를 부여하고 시간을 정돈하죠. 그렇게 리추얼은 시간을 유의미하게 느껴지도록 만들어요. 오늘날 시간은 확고한 짜임새가 없습니다. 집이 아니라, 변화무쌍한 흐름이에요. 과거에는 특정 요일의 특정한 시간에 어떤 텔레비전 프로그램을 시청하는 것도 리추얼이었습니다. 온 가족이 그 리추얼에 참여했어요. 오늘날에는 언제든지 텔레비전 프로그램을 볼 수 있죠. 제각각 혼자서요. 이것은 단순히 우리에게 점점 더 많은 자유가 주어진다는 것을 의미하지 않습니다. 삶의 완전한 유연화는 상실도 가져옵니다. 리추얼은 단순히 자유를 제약하지 않아요. 리추얼은 삶에 구조를 부여하고 삶을 안정화합니다. 리추얼은 공동체를 창출하는 가치들과 상징적 질서들이 몸에 확실히 배게 합니다. 리추얼에서 우리는 공동체를, 공동체의 친근함을 몸으로 체험하죠. 디지털화는 세계를 탈신체화합니다. 설상가상으로 이제 감염병 대유행까지 닥쳤어요. 감염병 대유행은 신체적 공동체 경험의 상실을 심화합니다.

엘문도 유행병이 최근에 일으킨 또 하나의 효과는 말 그대로 "얼굴의 상실"입니다. 이제 스페인에서도 공공장소에서의 마스크 착용이 의무화되었어요. 그 결과로 사람들은 얼굴을 완전히 알아보지 못하게 되었고, 타인을 보는 행위는 전혀 다른 의미를 얻었습니다. 독일 사회학자 게오르크 짐멜은 타인을 바라보는 행위에서 얼굴이 본질적으로 중요하다고 하지 않았습니까? 저는 얼굴 전체를 보아야만 비로소 상호작용이 가능해진다는 생각이 들어요. 공적인 장소에서 얼굴들이 사라지는 것은 우리에게 과연 무엇을 의미할까요? 우리가 얼굴들을 보지 못하게 되었다는 사실은 혹시 친밀한 관계의 종말을 의미할까요?

한병철 어차피 우리는 지금 스마트폰만 바라봅니다. 우리가 서로를 바라보는 일은 점점 더 드물어지고 있어요. 어머니도 자식의 바라봄에 응대하는 대신에 끊임없이 스마트폰을 봅니다. 어린아이는 어머니의 바라봄에서 멈춤과 공동체를 발견하고 자기를 확인하죠. 어머니의 바라봄이 근원적인 신뢰를 육성합니다. 바라봄의 부재는 자신 및 타인과 맺는 관계의 장애를 가져옵니다. 오늘날의 공감 상실도 바라봄의 부재에 그 원인이 있습니다. 제 책 《타자의 추방》에서 저는 타자가 무엇보다도 먼저 바라봄으로써 자기를 드러낸다고 썼어요. 스마트폰과 디지털화는 우리를 바라봄 없는 사회에서 살게 만들죠. 디지털 소통은 바라봄 없는 소통이에요. 그 소통은 우리와 타인의 관계에 부정적 영향을 미칩니다. 우리는 공감을 점점 더 잃어가고 있어요. 유명한 행위예술가 마리나 아브라모비치가 10년 전에 뉴욕 현대미술관에서 의미심장한 퍼포먼스를 했습니다. 그 퍼포먼스는 바라보기 리추얼이었어요. 그녀는 3개월 동안 매일 8시간씩 꼼짝없이 의자에 앉아서 맞은편에 앉은 사람을 뚫어지게 바라봤죠. 그것은 아주 감동적인 사건이었어요. 몇몇 사람은 그 예술가의 강렬한 시선에 압도된 나머지 울음을 터뜨렸습니다. 나는 타인의 바라봄에 치유의 힘이 있다고 생각해요. 타인의 바라봄은 우리를 나르시시스적 고립에서 끌어낼 수 있어요. 그 퍼포먼스를 하는 마리나 아브라모비치가 코로나 유행병 때문에 마스크를 썼다고 상상해보세요. 그러면 그녀의 바라봄은 효과가 없을 겁니다. 마스크 쓴 얼굴은 우리가 모르는 사이에 사람들을 더 심하게 고립시키고 공감의 상실을 가속한다고 나는 생각합니다.

엘문도 시간을 내주셔서 고맙습니다.

〈엘파이스〉 인터뷰

엘파이스 선생님은 저서에서 리추얼을, 공동체가 소통할 필요 없이 산출하는 상징적 행위로 정의합니다. 그렇다면 리추얼은 사회적이며 자발적인 정체성의 한 부분이며 형식화할 필요가 없을 것 같아요. 그런데 선생님의 견해에 따르면, 오늘날의 사회에서는 주로 공동체 없는 소통이 일어납니다. 지금은 사라져버린 "소통 없는 공동체"를 선생님은 어떤 모습으로 상상하나요? 선생님이 제시하는 예들은 과거나 작은 농촌 마을에 관한 것입니다. 또한 선생님은 이런 공동체들의 파괴는 신자유주의의 탓이라고 강조합니다. 실제로 복지국가의 시대를 비롯한 다른 자본주의 시대들은 리추얼에 대해서 더 개방적이었죠. 우리는 근대와 공동체가 양립할 수 없다고 보아야 할까요?

아니면 이 양립불가능성은 오로지 자본주의와 공동체 사이에만 존재할까요? 우리에게 익숙한 개인의 자유와 시민권이 있는 우리 사회처럼 복잡한 사회의 내부에 존재하는 소통 없는 공동체의 예를 선생님은 제시할 수 있을까요? 그런 공동체를 어떻게 상상해야 할까요?

한병철 《리추얼의 종말》은 무엇보다도 오늘날 공동체가 사라지고 있다는 점을 지적합니다. 물론 디지털화에 따른 과도過度소통은 우리를 점점 더 많이 연결되게 만들죠. 그러나 연결된다고 해서 더 많이 결합하고 친근해지는 것은 아닙니다. 소셜미디어도 에고를 중심에 둠으로써 사회성을 제거합니다. 디지털 과도소통에도 불구하고 우리 사회에서 외로움과 고립이 증가하고 있어요. 오늘날 우리는 우리의 견해, 욕구, 소망, 선호를 소통하라는 요구, 우리의 삶을 이야기하라는 요구를 끊임없이 받습니다. 누구나 자기를 내보여요produzieren. 누구나 자기를 실행해요performen. 누구나 자아 숭배, 자아 예배에 충성하죠. 그래서 나는, 리추얼은 소통 없는 공동체를 낳는 반면, 오늘날에는 공동체 없는 소통이 주도권을 쥐고 있다고 말한 것입니다. 우리가 공동의 축제를 거행하는 일은 오늘날 갈수록 드물어집니다. 모든 각자가 오로지 자기를 경축해요. 우리는 모든 쾌락이 소망의 충족에서 나온다는 생각에서 벗어날 필요가 있습니다. 오직 소비사회만 소망의 충족을 방향 설정의 기준으로 삼습니다. 축제에서 관건은 나의 소망이 아니에요. 공동의 놀이에서 나는 내 소망을 충족시키려 하지 않아요. 오히려 나는 '규칙을 향한 열정Regelleidenschaft'에 몰두하죠. 나의 주장은 우리가 과거로 돌아가야 한다는 것이 아닙니다. 오히려 나는 우리가 공동의 행위와 놀이의 새로운 형태들을 발명해야 한다는 것을 옹호합니다. 자아의 저편, 소망의 저편, 소비의 저편에서 이루어지며 공동체를 조성하는 새로운 형태의 공동 행위들과 놀이들을 발명해야 해요. 이 책은 미래 사회로 나아갑니다. 우리는 공동체가 행복을 가져다준다는 것을 망각했어요. 우리는 자유도 개인적 관점에서 정의하죠. 독일어 "Freiheit"(자유)는 원래 "친구들 곁에 있음bei Freunden sein"을 뜻합니다. "Freiheit"와 "Freund"(친구)는 어원이 같아요. 자유는 성공적인 관계를 연상시켜요. 따라서 우리는 자유도 공동체에 기초해서 새롭게 정의해야 합니다.

엘파이스 선생님은 리추얼에서 점점 더 멀어지는 현재의 세계를 서술합니다. 이 생각은 전통적인 자본주의 비판과 정반대예요. 그 비판은 우리의 시장사회가 과도한 리추얼화를 핵심 특징으로 지녔다고 지적하니까요. (이와 관련해서 사람들은 대표적으로 조르조 아감벤을 인용하죠.) 이 견해에 따르면, 소비는 강력한 리추얼화의 면모를, 심지어 종교적 차원을 지녔어요. 슈퍼마켓이나 스포츠경기장이 우리의 사원寺院이라는 거죠. 한편, 또 다른 견해는 "관료주의적 리추얼주의burokratisch Ritualismus"라는 개념을 출발점으로 삼습니다. 막스 베버의 뒤를 잇는 셈인데, 베버에 따르면, 규모가 큰 형식적 조직의 규범과 절차는, 그 조직이 원래 만들어질 때 부여받은 기능을 완수했다 하더라도, 그 자체로 목적이 되는 경향이 있습니다. 자본주의적 행동 방식 혹은 관료주의적 행동 방식을 종교적 리추얼의 세속화된 형태로 해석하는 이 견해들에 어떤 오류가 있다고 생각하시나요?

한병철 나는 자본주의가 종교라는 주장에 반대합니다. 쇼핑몰은 사원과 전혀 달라요. 쇼핑몰에서는, 나아가 자본주의 전반에서는, 특수한 주의집중 하나가 지배합니다. 모든 것이 에고를 중심으로 돌아가요. 말브랑슈에 따르면, 그 주의집중은 영혼의 자연적인 기도입니다. 반면에 사원에서 나는 전혀 다른 형태의 주의집중을 경험해요. 무슨 말이냐면, 나는 내 에고 안에 집어넣을 수 없는 것들에 주의를 집중하게 돼요. 리추얼은 나를 나의 에고로부터 떼어냅니다. 반면에 소비는 나의 에고에의 고착을 강화하죠. 나는 독실한 신자가 아닙니다만, 가톨릭 미사에 즐겨 참석해요. 노래와 오르간 연주와 향 연기에 취하면, 나를, 나의 에고를 잊게 되죠. 그리고 아름다운 공동체를 경험합니다. 책에서 나는 페터 한트케의 글을 인용했습니다. "미사 덕분에 성직자는 사물과 아름답게 교류하는 법을 배운다. 잔과 성체를 부드럽게 쥐는 법, 용기들을 느긋하게 닦는 법, 책장을 넘기는 법, 그리고 사물들과 아름답게 교류한 결과를 배운다. 그 결과는 가슴에 날개를 달아주는 기쁨이다." 오늘날 우리는 사물을 전혀 다르게 사용합니다. 하지만 리추얼에서 우리는 사물을 전혀 다르게, 마치 친구처럼 아끼면서 다뤄요. 사물도 리추얼화되면 공동체를 만들어낼 수 있습니다.

맞아요, 리추얼은 반복의 계기를 지녔습니다. 하지만 이 반복은 살아 있고 생기를 주죠. 이 반복은 관료주의적, 자동적 반복과 아무 상관이 없어요. 오늘날 우리는 끊임없이 새로운 자극, 흥분, 체험을 추구하느라 반복의 솜씨를 망각했습니다. 새로움은 금세 루틴으로 주저앉죠. 새로움은 소비되고 다시 새로움을 향한 욕구를 일으키는 상품이에요. 루틴에서, 공허에서 벗어나기 위해 우리는 새로운 자극, 새로운 감정, 새로운 체험을 더 많이 소비합니다. 바로 공허감이 소통과 소비를 촉진하죠. '강렬한 삶'이라는 신자유주의의 광고 문구는 다름 아니라 강렬한 소비를 뜻해요. 진짜 강렬함을 만들어내는 반복의 형태들이 있습니다. 나는 바흐를 아주 좋아해요. 〈골드베르크 변주곡〉의 아리아를 만 번도 넘게 들었어요. 그런데 매번 행복을 느낍니다. 개인적으로 나는 새로운 것이 필요 없어요. 나는 반복을 사랑해요. 반복의 리추얼들을 사랑합니다.

엘파이스 선생님의 책에서 아주 매혹적인 생각은 리추얼이 공동체의 가치들을 몸으로 습득할 수 있게 해준다는 것입니다. 그 생각에 따르면, 리추얼, 곧 공유된 예식의 반복은 우리의 주체성을 변화시켜서 예컨대 사회적 결속을 강화합니다. 제가 보기에 이것은 다음과 같은 파스칼의 말과 비슷한 이야기인 듯합니다. "믿지 않는다면, 무릎을 꿇고 믿는 것처럼 행동하라. 그러면 믿음이 저절로 생겨날 것이다." 선생님은 열정에 의해 조종되는 사회, 나르시시스적 진정성 숭배가 특징인 사회를 묘사합니다. 그 사회에서 유일하게 중요한 것은 내면, 우리의 진정한 열정이죠. 신자유주의가 어떻게 이런 주관적 면모를 획득할까요?

한병철 맞아요, 리추얼은 공동체를 몸에 정박합니다. 우리는 공동체를 몸으로 감지해요. 코로나 위기를 맞아 모든 것이 디지털화된 형태로 돌아가는 지금, 우리는 신체적 인접의 부재를 몹시 아쉬워합니다. 디지털로는 우리 모두가 어떻게든 연결되어 있지만, 신체적 인접, 몸으로 감지할 수 있는 공동체는 없어요. 오늘날 우리가 외롭게 피트니스센터에서 단련하는 몸은 그런 공동체적 면모를 가지고 있지 않아요. 무엇보다도 성과가 중시되는 성생활에서도 몸은 말하자면 외로운 사물입니다. 리추얼에서 몸은 무대예요. 비밀들, 신적인 것들, 꿈들이 그 무대에 들어서죠. 신자유주의는 에고를 중심에 둔 진정성 문화를 만들어내요. 진정성 문화는 리추얼화된 상호작용 형태들에 대한 불신과 짝을 이룹니다. 진정성 있는 것은 오직 자발적으로 솟는 감정, 곧 주관적 상태뿐이에요. 형식화된 행동은 진정성이 없다거나 피상적이라는 이유로 배척당하죠. 예컨대 예절이 그래요. 책에서 나는 사회의 야만화를 가져오는 진정성 문화에 반대하고 아름다운 형식의 윤리를 옹호합니다.

엘파이스 이 맥락에서 언급할 필요가 있다고 느끼는데, 선생님의 책은 지난 10년 동안 정치적 극우 집단들이 부상한 것을 거의 다루지 않습니다. 그 새로운 반동 집단들의 추종자들이 리추얼과 공동체를 회복해야 한다는 선생님의 촉구에 동조할 가능성에 대해서 어떻게 생각하시나요? 선생님은 지금 아주 많이 거론되는 "장소 근본주의"가 "지구적 과도문화"에 대한 반작용, "과도문화적 장소-없음"에 대한 반작용이라고 썼습니다. 예컨대 프랑스의 '국민전선Front National'은 흔히 신자유주의에 반대하는 성향을 보입니다. 하지만 새로운 극우의 핵심 특징이 민족주의에만 국한된 것이 아니라 공동체에 대한 새로운 애착, "정치적으로 올바른" 말에 대한 불신, 전통적인 군사적 풍습에 대한 예찬도 아우른다는 것 역시 사실입니다. 선생님의 공동체관과 그런 극우적 공동체관은 어떻게 구별될까요?

한병철 공동체가 꼭 타자를 배제해야 하는 것은 아닙니다. 공동체는 손님에게 매우 우호적일 수 있어요. 우파가 매달리는 공동체는 내용적으로 공허합니다. 그래서 그들은 주로 타자에 대한 부정, 낯선 것에 대한 부정에서 그 내용을 발견하죠. 그런 공동체를 지배하는 것은 불안과

복수심입니다.

엘파이스 책의 서문에서 선생님은 이것이 과거에 대한 그리움을 토로하는 책이 아니라는 점을 강조합니다. 그럼에도 선생님은 과거와의 비교에 자주 의지해요. 그런 비교에서 현재는 좋게 보이지 않고요. 예컨대 전쟁을 다루는 장에서 선생님은 과거 전사戰士들의 가치를 옹호합니다("위험에 뛰어들지 않으면서 적을 공격하는 것은 명예롭지 않다"). 그것과 현대의 자동화된 전쟁을, 규칙 없는 살인을 대비하죠. 이건 결국 과거의 전쟁 형태를 이상화하는 것이 아닐까요? 따지고 보면, 역사 속에서 대량학살을 적잖이 발견할 수 있습니다. 무분별한 살인은 딱히 자본주의가 발명한 것이라고 할 수 없어요.

한병철 나는 다만, 인류 문화가 점점 더 탈리추얼화한다는 점, 생산과 성과의 절대화가 리추얼을 없앤다는 점을 지적하고자 했을 따름입니다. 예컨대 포르노는 유혹의 리추얼을 완전히 파괴해요. 유럽 기사도에서 중시하는 것은 적을 죽이는 것이 아니라 명예와 용기입니다. 반면에 드론 전쟁에서 관건은 범죄자로 취급되는 적을 죽이는 것이죠. 드론 조종자들은 근무를 마치고 나서 엄숙하게 "득점표"를 교부받습니다. 그 문서는 그들이 얼마나 많은 사람을 죽였는지 증명해줘요. 살인에서도 무엇보다 성과가 중요한 것이죠. 나는 이것이 도착적이고 파렴치하다고 느낍니다. 나는 과거의 전쟁이 현대의 전쟁보다 더 나았다고 말하려 하지 않았습니다. 오히려 오늘날에는 모든 것이 성과와 생산의 문제로 되어버렸다는 점을 지적하려 했을 뿐입니다. 전쟁에서뿐 아니라 사랑과 성생활에서도 마찬가지예요.

엘파이스 선생님은 빅데이터의 부상과 지식에 대한 관점의 전환을 관련짓습니다. 지식이 점점 더 기계적 생산물로 간주된다고 지적하죠. 저는 이 생각이 무척 의미심장하다고 느낍니다. 사회과학에서 일부 학자는 빅데이터를 비이론적 패러다임으로 나아가는 데 필요한 한걸음으로 간주해요. 마치 방대한 데이터 집합이 해석의 필요성을 없애버리기라도 하는 것처럼요. 선생님은 이것을 "데이터주의"로의 전환으로까지 칭하고, 이 전환이 칸트의 이상에서 모범적으로 구현된 계몽의 "인간학적 전환"에 필적한다고 봅니다. 그런데 "데이터주의"는 근대가 기원할 때 예비된 불가피한 —"신화에서 데이터로" — 종착점일까요? 우리는 투명성의 독재에서 어떻게 벗어날 수 있을까요? 신화로 복귀해야 할까요?

한병철 데이터주의는 그 자체로 지식의 포르노적 형태입니다. 데이터주의는 생각을 없애요. 데이터가 주도하는 생각하기는 존재하지 않습니다. 데이터가 주도하는 것은 오직 계산하기뿐이죠. 생각하기는 에로틱한 구석이 있어요. 하이데거는 생각하기를 에로스에 빗댑니다. 그가 생각하면서 본질적인 한걸음을 내디뎌 다닌 적 없는 곳으로 과감히 나아갈 때면 언제나 에로스 신의 날갯짓이 그를 쓰다듬는다고 말하죠. 투명성도 포르노적입니다. 페터 한트케는 어느 글에서 이렇게 묻습니다. "세계가 이미 드러났다고 말하는 자가 대체 누구인가?" 세계는 우리가 생각하는 것보다 더 심오합니다.

엘파이스 선생님은 포르노가 신자유주의에서 기원했다고 주장합니다. 그렇다면 선생님은 현재의 포르노와 숱한 예가 있는 고대의 포르노를 어떻게 구별하시나요? '포른 튜브PronTube'가 로마 작가 카툴루스나 페트로니우스가 포르노적이기로 작심하고 쓴 글보다 정말 더 나쁠까요?

한병철 벌거벗는다고 다 포르노적인 것은 아닙니다. 나는 포르노가 신자유주의에서 기원했다고 말하지 않아요. 그보다 나는 포르노를 신자유주의의 기조基調로 일반화하죠. 소통이 투명해지면, 매끄럽게 연마되어 신속한 정보 교환이 되면, 소통은 포르노적으로 됩니다. 언어가 놀이하지 않으면, 단지 정보만 운반하면, 언어는 포르노적으로 됩니다. 몸이 연출적 성격을 완전히 잃고 오직 기능만 해야 하면, 몸은 포르노적으로 됩니다.

엘파이스 현재 코비드-19 대유행이 우리의 보건 시스템과 경제 시스템을 뒤흔들고 있습니다. 또한 우리가 공유한 주체성에도 영향을 미치고 있죠. "생명정치Biopolitik"라는 용어가 어엿하게 통용되는 데 겨우 며칠밖에 안 걸렸습니다. 선생님이 우리 사회에서 발견하는 공동체 없는 소통은 우리가 유행병을 겪는 방식에 어떤 영향을 미칠까요?

한병철 코로나 위기는 리추얼을 완전히 없애버렸습니다. 심지어 악수조차 허용되지 않아요. 사회적 거리두기는 모든 신체적 인접을 파괴합니다. 코로나 대유행은 격리 사회를 만들어내요. 격리 사회에서는 모든 공동체 경험이 상실되고요. 우리는 디지털로 연결되어 있어서 계속 소통하긴 해요. 하지만 행복을 주는 공동체 경험은 전혀 없죠. 바이러스는 사람들을 고립시켜요. 가뜩이나 우리 사회를 지배하는 외로움과 고립이 바이러스로 인해 심화하고 있어요. 한국인들은 코로나 대유행이 유발한 우울증을 '코로나 블루Corona Blue'라고 부릅니다. 바이러스가 리추얼의 종말을 완성하고 있어요. 나는 대유행 이후에 우리가 리추얼을 새롭게 발견하게 되는 것을 생생하게 상상할 수 있습니다.

엘파이스 선생님은 이 대유행이 우리가 2008년에 겪은 것과 비교할 만한 역사적 사건이라고, 이 일이 근본적인 정치적 변화를 가져올 것이라고 보시나요? 어떤 사회적 격변들을 생각해볼 수 있을까요?

한병철 코로나 대유행에 직면하여 우리는 생명정치적 감시 체제를 향해 나아가고 있습니다. 코로나 바이러스가 자본주의의 심각한 취약점을 드러냈어요. 어쩌면 개인과 개인의 몸을 감시 대상으로 만드는 디지털 생명정치만이 자본주의를 바이러스로부터 보호할 수 있다는 인식이 널리 퍼질 것입니다. 그런 생명정치적 감시 체제는 자유주의의 종말을 의미해요. 그렇게 되면 자유주의는 과거의 짧은 에피소드에 불과하게 될 것입니다. 하지만 나는 생명정치적 감시가 바이러스를 이길 것이라고 보지 않아요. 바이러스가 더 강하다는 것이 드러날 겁니다. 고생물학자 앤드루 놀에 따르면, 인간은 신화라는 케이크 위에 덮인 설탕 시럽에 불과해요. 케이크의 몸통은 박테리아와 바이러스로 이루어졌죠. 그 박테리아와 바이러스가 연약한 표면을 깨뜨리고 다시 정복할 위험이 항상 있어요. 코로나 대유행은 인간이 민감한 생태계에 분별없이 개입한 결과입니다. 기후변화의 영향은 코로나 대유행보다 더 파괴적일 거예요. 인간이 자연에 가한 폭력이 더 강력해져서 인간에게 돌아오고 있어요. 바로 이것이 인류세의 변증법이에요. 이른바 인간의 시대에 인간은 과거 어느 때보다 더 위협당하고 있습니다.

근대의 정처 없음에 대한 시(詩)적 진단

1

때로는 강한 공감을, 때로는 의아함을, 때로는 적잖은 반
감을 일으킬 만한 책이다. 요컨대 고만고만한 철학책의
밋밋함, 따분함, 엄숙함과는 영 거리가 멀다. 시인의 기질
이 다분한 철학자가 쓰는 글은 과연 어떤 모습이겠냐고
누가 묻는다면, 나는 한 예로 한병철을 읽어보라고 권하
겠다.

물 샐 틈 없는 논증의 철옹성을 철학적인 글의 모범으
로 여기는 독자는 한병철의 이단성에 놀라며 눈살을 찌
푸리는 것에서 그치지 말고 마치 시를 읽을 때처럼 그의
글을 여러 번 되풀이해서 읽을 필요가 있다. 읽을수록 호

감이 높아지고 설득력이 강해지는 글은 철학 분야에서 참 드문데, 이 간결한 책이 그런 예외에 속한다.

저자는 뛰어난 아웃복서가 잽을 던지듯이, 다양한 주제를 툭툭 건드리고 짧게 찌른다. 빤히 계획된 연타는 거의 없으며, 때때로 저자의 펀치는 뜬금없는 무리수로 느껴지기까지 한다. 그러나 끝에 이르러 전체를 돌아보면, 책은 다면적이면서도 일관된 구조를 탄탄하게 드러내고, 저자의 플레이는 해부학자의 진지한 노동에 못지않은 분석의 효과를 성취한다. 적어도 나는 그렇게 느꼈다.

그러므로 책과 저자의 플레이에 어울리게 우리도 아웃복서처럼, 심지어 댄서처럼 책을 읽을 필요가 있다. 무엇보다도 일방적이고 단정적이고 최종적인 동조나 배척을 삼가자. "현재에 대한 위상학적 연구"라는 원래의 부제가 말해주듯이, 이 책은 '생각해볼 수 있는 여러 위치 가운데 현재의 위치는 어디인가?'라는 질문에 대하여 한병철이 나름대로 내놓는 대답이다. '현재'라면 우리와 그가 함께 탄 배가 아닌가! 우리도 현재를 상대로, 또 현재를 다루는 이 책을 상대로 나름의 플레이를 해야 마땅하다. 비판적 관점과 열린 태도를 겸비하자. 짐작하건대 이것은 누구보다도 저자 본인이 바라는 바일 것이다. 모름지기 저자란 글을 통해서 동등한 상대와 대화하기를 원하는 사람이니까 말이다.

2

한병철은 현재의 위치를 또렷이 보여주기 위하여 이른바
'리추얼ritual'(가장 적합한 번역어는 '의례儀禮'일 것이다)을 기준
으로 삼는다. 그가 보기에 현재의 핵심 특징은 '리추얼의
종말'이다. 한편에는 리추얼이 완전히(혹은 거의 다) 소멸한
현재가 있고, 다른 한편에는 리추얼이 생생하게 작동하
는 장소나 시대, 사회, 문화가 있다. 더 나아가 양편은 다
양한 요소들을 통해 대조적으로 규정됨으로써 선명하게
맞선 양 진영으로 갈라진다. 그 진영들을 '현재 진영'과
'리추얼 진영'이라고 부르자.

　현재 진영을 이루는 주요 요소는 정처 없음, 노동, 생
산, 성과, 진정성, 내면, 고립된 개인, 투명한 데이터, 무미
건조한 계산, 포르노 등이다. 이 진영의 다른 이름은 '신
자유주의 진영' 혹은 '근대 진영'이다. 여기에 맞선 리추
얼 진영은 거주居住, 지속, 놀이, 연출, 형식, 몸, 공동체,
신화, 에로틱한 사유, 유혹을 주요 요소로 지녔다. 한병철
이 직접 사용하는 표현은 아니지만, 이 진영을 '반反근대

진영'으로 불러도 무방할 것이다.

이 같은 양 진영의 대립 구도가 한병철이 펼치는 플레이의 일관된 기반이다. 그런데 다들 알다시피, 선명한 대립 구도의 설정은 명쾌하고 강렬해서 좋은 대신에 현실에서 동떨어질 위험이 있다. 전적으로 좋기만 한 것도 없고 전적으로 나쁘기만 한 것도 없다는 것은 동서고금의 지혜가 아닌가. 예컨대 노동과 놀이는 저자가 짜는 구도에서처럼 선명하게 갈라질까? 오히려 현실에서는 노동과 놀이가 뗄 수 없게 얽히는 경우가 태반인 듯하다. 실제로 책에 부록으로 실은 〈엘문도〉와의 인터뷰에서 한병철은 "노동도 리추얼의 면모를 지녔"음을 인정한다. 노동은 근대 진영에 속하지만 반근대 진영과도 어울릴 수 있다는 얘기다. 선명한 맞섬은 허구일 수 있다.

이 미묘한 얽힘의 문제는 특히 대립 구도의 설정이 양자택일의 요구로 해석될 때 심각하게 불거진다. 물론 근대와 반근대 가운데 하나를 선택하라는 요구는 확실히 저자의 취지가 아니다. 그는 현재의 위치를 탐구할 뿐이며, 〈들어가는 말〉에서 단언하듯이, 리추얼 진영을 그리워하지 않는다. 그 진영은 우리가 돌아가야 할 곳이 아니라 우리의 현재에 어떤 가치들이 결핍되어 있는지 보여주는 거울일 따름이다.

그러나 선명한 맞섬에서 양자택일의 요구를 연상하는 것은 거의 본능적인 반응이므로, 아마 적잖은 독자가 이 책을 처음 읽을 때 가장 강하게 듣는 메시지는 '반근대를 향한 전환'의 촉구일 성싶다. 다름 아니라 나 자신이 처음에 그 메시지를 듣곤 했다. 하지만 〈들어가는 말〉을 꼼꼼히 읽고 진지하게 받아들일 필요가 있다. 저자는 현재의 병적인 상태를 치유할 새로운 삶꼴Lebensform을 추구하지만, 근대 진영에 맞선 반근대 진영이 그 삶꼴이라는 주장은 전혀 하지 않는다. 반근대 진영은 진단의 도구일 뿐, 치유의 힘을 발휘할 수 있는 새로운 삶꼴이 아니다.

그럼 그 새로운 삶꼴은 무엇일까? 내가 보기에 이 책은 이 질문을 열어놓는다. 어떤 종류의 미완성은 결함이 아니라 도리어 넘치는 힘일 수 있는데, 나는 이 책에서 그런 긍정적 미완성을 본다. 근대의 결함들을 치유할 방안을 모색하고 제시하는 것은 우리 모두의 과제다. 이 책은 그 과제가 얼마나 크고 절실한지 보여준다. 이 책의 성취는 처방이 아니라 진단에 있다.

이 사실을 명확히 해두는 것이 매우 중요하다고 나는 느낀다. 왜냐하면 까딱 잘못 해석하여 한병철이 옛날의 온갖 경직된 리추얼에 매인 사람들의 집단을 근대 사회의 대안으로 제시한다고 평가한다면, 그것은 이 책을 철

없는 반근대주의 선동으로, 심지어 '꼰대'의 넋두리로 전락시키는 최악의 독법일 터이기 때문이다. 리추얼 곧 의례(대표적으로 제사)의 의무를 마치 천형天刑처럼 짊어지고 철마다 한숨을 내쉬는 며느리를 우리는 지금도 적잖이 보지 않는가. 그들에게 제사를 매년 여남은 번 올리는 가문을 이상향으로 제시하면, 어떤 반응이 돌아오겠는가?

더 깊이 있고 신중한 독해가 필요하다. 저자가 제시하는 리추얼의 예들에 시선을 고정하기보다는 그가 드러내고자 하는 근대의 결핍들에 초점을 맞추는 편이 옳다. '생산 강제', '진정성 강제', '투명성 명령', '포르노' 등의 열쇳말을 통해, 또 "신자유주의적 같음의 지옥에서 문신한 클론들이 산다"와 같은 기발한 문장을 통해 표현되는 그 결핍들의 바탕에 리추얼의 소멸과 공동체의 침식이 있다는 것이 한병철의 진단이다.

3

일본을 경유한 번역의 역사 속에서 꽤 큰 어감 차이가 발생하긴 했지만, 내가 말하는 '근대'란 곧 현재다. 한병철도 '근대'에 해당하는 독일어 'die Moderne'를 같은 의미로 사용한다. 현재에 도달하는 과정에서 우리가 꽤 많은 것을 상실했음을 부인할 사람은 없을 것이다. 대표적으로 우리는 '함께'와 '머무름'에서 나오는 안정감에서 떨어져나와 '홀로'와 '덧없음'의 싸늘함을 호흡하며 산다. '함께'와 '머무름'(혹은 거주)은 한병철이 말하는 리추얼의 실질적 의미다. 리추얼의 상실은 '함께'와 '머무름'의 상실을 뜻한다.

이것은 무슨 수를 써서라도 복구해야 할 상실일까, 아니면 우리가 고스란히 견뎌내야 할 상실일까? 아마 양쪽 다 정답은 아닐 것이다. 우리는 현재의 결함을 다스리고 보완해야 마땅하지만, 섣불리 현재 바깥으로의 탈출을 감행하는 것은 삼가야 할 터이다. 무엇보다도 먼저 현재를 꼼꼼히 살펴볼 필요가 있다. 현재 곧 근대는 어떤 원리에 따라 작동하고 어떤 상실과 결핍을 유발할까? 이 질문에 나름의 대답을 제시한다는 점에서 이 책은 우리 모두의 필독서가 될 자격이 있다.

더 나아가 저자 한병철의 가장 큰 매력은 기발한 표현, 의미심장한 말놀이, 힘차고 간결한 선언에 있다. 첫머리에서 언급한 대로, 그는 시인의 기질이 다분한 철학자, 도발과 놀이를 즐기는 저자다. 읽으면 읽을수록, 글의 스타일과 메시지가 딱 어울린다는 느낌이 든다. 글쟁이라면 다들 알겠지만, 이것은 쉽게 도달할 수 없는 경지다. 어쩌면 그는 시인으로 자부하는 철학자일 것이다.

헤겔이《정신현상학》서문에서 강조하는 "개념의 노동 Arbeit des Begriffs"을 시인에게 요구하는 것은 부당한 처사다. 더구나 한병철은 노동이 아니라 놀이를 사랑하는 철학자가 아닌가! 실제로 이 책에서 개념의 노동이랄 만한 것이 표면적으로 드러나는 곳은 없다시피 하다. 그러나 이미 언급한 대로, 책 전체를 여러 번 읽고 곱씹으면, 이 경쾌한 글의 바탕에 깔린 만만치 않은 개념의 노동이 은근하게 느껴진다. 그래서 대단하다.

〈엘파이스〉와의 인터뷰에서 한병철은 다음과 같이 제안한다. "자아의 저편, 소망의 저편, 소비의 저편에서 이루어지며 공동체를 조성하는 새로운 행위와 놀이의 형태들을 발명해야 해요." 그가 시인에 가까운 철학자로서 이 제안을 앞장서 실천해가리라는 점은 더없이 확고해 보인다.